문화 + 발음 + 한어병음 + 기초회화

그루브한 **기초**
중국어 회화

KB077546

저

MP3 다운
www.donginrang.co.kr

동인랑

머리말

「그루브한 기초중국어 회화」 교재로 중국어 학습에 임하는 여러분들을 진심으로 환영하고 축복합니다.

2008년 베이징에서 하계올림픽을 개최한 중국은 다시 한 번 세계로부터 주목받는 나라가 되었고, 2022년에는 다시 한 번 베이징 중심부, 옌칭, 장자커우 권역에서 동계올림픽을 개최하며 세계의 중심국으로 우뚝 서게 되었습니다. 2008년 성장 올림픽에서 2022년 성숙 올림픽으로 지금의 중국은 미국을 뛰어넘어 세계의 패권국이 되기 위해 계속적으로 성장하며 발전하고 있습니다. 현재는 一带一路(일대일로) 정책을 통해 세계 60여 개국의 국가들과 실크로드를 펼쳐나가고 있으며 우주산업, 신소재 및 반도체, 의료계열 등 다방면에서 뛰어난 기술력을 바탕으로 선두의 자리에 있습니다. 이러한 시기에 그 나라의 언어를 공부한다는 것은 미래 사회에서의 경쟁력을 갖추고 또 다른 비전을 꿈꾸는 것이라고 보아도 과언이 아닐 것입니다.

「그루브한 기초중국어 회화」 교재는 다양한 자료들을 바탕으로 왜 중국어를 공부해야 하는지 이해하고 기초 발음 및 대화문, **관련 어법**, 쉐도잉연습, 연습문제, 정리하기의 순서로 쉽고 편하게 중국어를 공부할 수 있도록 제작하였습니다. 아울러 실제 중국인들이 사용하는 중국어 문장들을 소개하며 학습자들이 폭넓게 중국어를 배울 수 있도록 하였습니다.

여러분, 씨앗이 싹을 틔워 열매를 맺기까지는 무엇이 필요할까요?

그것은 바로 '좋은 씨앗, 비옥한 토양, 그리고 인내와 신뢰의 시간'이라고 생각합니다.

첫째, 씨앗은 이미 그 안에 열매를 맺을 수 있는 가능성과 힘을 가지고 있습니다. 즉, 여러분 안에는 중국어를 학습할 수 있는 무한한 힘과 가능성이 있다는 것입니다.

둘째, 비옥한 토양은 씨앗이 건강하게 자랄 수 있도록 자양분을 제공하게 되는데 토양에도 여러 종류(길가, 돌밭, 가시나무밭, 그리고 좋은 땅)가 있습니다.

여러분은 중국어 학습을 시작하는 이 시점에 과연 어떠한 마음 밭에 씨앗을 뿌릴 건가요? 이 교재는 여러분들의 중국어 학습에 비옥한 토양이 되어줄 것입니다.

셋째, 인내와 신뢰입니다. 중국 속담에 **"不怕慢, 只怕站。"**이라는 말이 있습니다. 이 말은 늦게 가는 것을 두려워하지 말고, 멈추는 것을 두려워하라는 말입니다.

학습자 여러분들이 중국통이 되는 그날까지 멈추지 않고 정진하시기를 권면드립니다.

이 교재를 통하여 학습하는 여러분 모두를 축복합니다.

저자 김성훈 씀

이 책의 구성 및 활용

단어 및 본문 문장의 한국어 발음 기재

본 교재는 중국어를 처음 접하는 학습자들을 대상으로 제작되었습니다.

이에 6과부터 13과의 [단어 및 본문내용]에는 학습자들이 쉽게 발음을 익힐 수 있도록 한국어로 발음을 기재하였습니다.

참고로 발음의 표기는 아래와 같이 기재하였습니다.

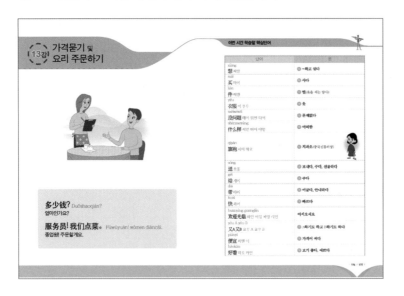

단, 한국어 발음은 보다 쉽게 한어병음을 보고 발음을 익힐 수 있도록 제작된 목적이므로 성모와 운모를 학습하고 난 이후에는 한어병음을 보고 바로 발음할 수 있도록 연습해 나가시기를 추천드립니다.

참고로 발음의 표기는 아래와 같이 기재하였습니다.

[예시] 〈7과〉 xièxie 谢谢 : '쎄쎄'가 아닌 '씨에 씨에'로 표기

　　　　〈7과〉 kèqi 客气 : '커치'가 아닌 '크어 치이'로 표기

※ 현지인의 '地道(본토)'적인 발음을 구사하도록 하기 위해 기존의 한글 발음법이 아닌 음절 단위로 세분화하여 한글 발음법을 기재하였습니다.

문화 China Culture

'그 나라의 언어를 배우기 위해서는 먼저 그 나라의 문화를 이해해야 한다.' 는 말이 있지요? 실제 중국인들의 삶의 모습은 어떤지 짧게나마 이해할 수 있도록 본문 학습 이후에는 중국 문화를 배워볼 수 있는 시간을 마련했습니다.

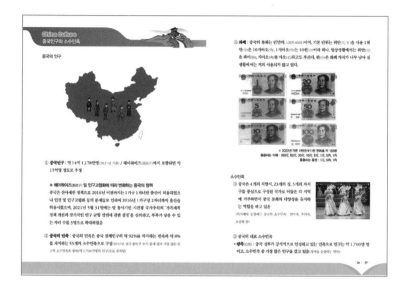

연습문제 및 정답

본문의 내용을 학습한 후 다양한 연습문제들을 풀어보며 단원에서 학습한 주요 내용들을 이해하고 적용할 수 있도록 설계하였습니다. 연습문제를 풀어보고 틀린 부분은 정답을 통해 확인할 수 있습니다.

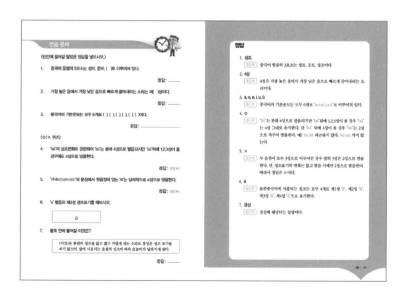

쉐도잉 연습 및 중국인처럼 말해보아요!

1) 쉐도잉 연습은 본문의 내용을 모두 학습한 후 다시 한번 말하기 연습을 반복적으로 쉐도잉 하며 중국어 문장을 읽고 연습할 수 있도록 구성했습니다.

2) 중국인처럼 말해보아요!는 실제 중국인이 사용하는 문장들을 단원별(7과부터) 2문장씩 수록하였습니다. 여러분이 중국인이라고 생각하면서 자연스럽게 문장들을 말해보면서 학습해보세요.

정리하기

외국어 학습에서 가장 중요한 것은 반복 학습입니다. 본문에서 학습한 내용을 되새김질하듯, 정리하기를 통해 다시 한 번 복습하며 단원을 정리해 나갈 수 있도록 설계하였습니다.

차례

기초 중국어 회화

왜 중국어를
공부해야 하는가?

현재 중국의 부정적인 측면

① **코로나19** : 2019년 중국 우한 지역에서 시작된 폐렴으로 전 세계가 팬데믹(범유행)이 됨

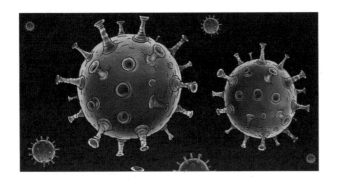

② **황사 및 환경오염** : 초고도미세먼지로 건강을 위협받는 시기에 놓임

③ **미중무역전쟁** : 미국과 중국 사이에 진행 중인 경제 갈등으로 미국의 도널드 트럼프 대통령이 2018년 미국이 말하는 '불공정 무역관행'에 변화를 강요할 목적으로 중국에 관세 등 무역장벽을 세우기 시작하며 갈등이 시작

④ **영토분쟁** : 동북공정(고구려, 발해) 뿐 아니라 서북, 서해, 서남공정 등 중국 자국의 영토를 넓혀나가려고 역사를 왜곡

중국의 이러한 행동은 속인(屬人)주의가 아닌 속지(屬地)주의적 역사관에서 비롯된 것으로 보임

⑤ **중국몽** : 중국식 강대국 외교를 통한 국제 사회에서 중국의 제 위치 찾기, 경제 패권
국으로의 발전을 위한 패권국가로서의 역할과 정체성 확립(일대일로, 고속철 등)

⑥ **빈부격차** : 부자와 못사는 빈곤층의 격차가 갈수록 커지는 현실

⑦ **인권탄압 및 소수민족문제** : 사회주의 국가로 인권을 보장받지 못함

※ 중국의 민족성이 강한 소수민족들은 독립을 주장하고 있으나, 중국 정부에서 이를
인정하지 않고 독립을 요구하는 이들을 불법으로 간주하며 강제 수용소로 보내 탄
압하고 있음(자치구일대 : 지하자원이 풍부)

중국 내 유튜브, 인스타그램 등 사용금지, 위그루 강제 수용소에서 탄압받고 있는 신장 위그루
인들의 인권문제를 사례로 들 수 있음. 이러한 인권탄압을 계기로 미국은 2022년 베이징올림픽
보이콧을 선언함

현재 중국의 상황

① **G2** : 중국은 왜 G2라는 용어를 거부하는가?

미국과 중국 두 나라를 표현, 2000년대 중반에 들어 신흥강국으로 부상한 중국과 초강대국인 미국이 세계에 영향력을 행사하는 두 나라라는 의미로 생겨난 용어

중국이 2035년 이전에 미국을 패배시킬 것이라고 굳게 믿는다. 이는 권위주의에서는 결정을 빠르게 할 수 있기 때문이다.

(바이든 미국 대통령)

② 중국의 **두 차례 굴기** : 중국은 1997년 아시아 금융위기를 거치며 아시아에서 우뚝 섰고, 2007년 서브프라임 모기지 사태와 2008년 리먼 브라더스가 파산 신청을 하면서 뉴욕발 금융위기를 발판삼아 세계적으로 우뚝 서는 나라로 성장함. 이러한 미국 경제위기 속에서 중국의 경제는 2009년에는 9%, 2010년에는 10%의 고속 성장이 일어나게 됨

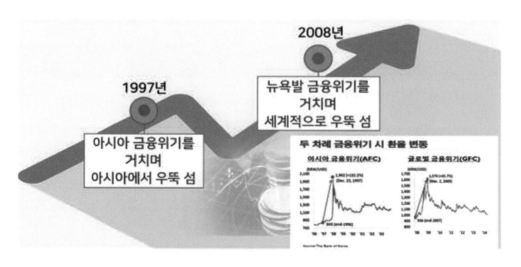

③ 중국이 꿈꾸는 미래 : 전 세계 GDP총액 대비 각국의 비율변동에서 아편전쟁 이전까지는 미국보다 우월하게 높았으나, 그 후로 1960년까지 줄곧 하락하였다. 덩샤오핑(鄧小平, Dèng Xiǎopíng)의 개혁개방 정책 이후, 급성장 하였고, 시진핑(习近平 Xí Jīnpíng) 주석의 공산당은 '**중국몽**'을 실현하기 위해 대내외적으로 여러 정책들을 펼침

④ 현재의 중국 : 외환보유액, 수출규모 1위, 국내 총생산 세계 2위의 나라, 독일 – 라인강의 기적, 한국 – 한강의 기적보다 중국의 경제성장은 더 빠르고 파괴적으로 성장하고 있음

※ 지난 40여 년 동안 중국의 경제는 개혁개방정책을 시작으로 무서운 속도로 성장함

알리바바, 징동, 텐센트, 샤오미 등 세계적 기업과 자산규모 세계 1위 은행인 중국공산은행 등이 있다.

'세계의 공장(생산국)'에서 이제는 '세계의 시장(소비국)'으로 변화하는 중국

① 중국 시장 규모의 상징

BLACK FRIDAY(2020.11.24.)	光棍节(2020.11.11.)
총 매출 - 127억달러(약 14조 335억원)	총 매출 - 4982억위안(약 83조 7900억원)

② 가상자산 시장에서 중국이 미치는 영향

중국정부의 비트코인 규제(채굴장 금지관련) 기사(2021.5.21.)가 나오면서 비트코인의 시세가 한 때 (한화) 약 8천만 원에서 4천만원까지 반토막 나기도 할 정도로 중국은 가상자산 시장의 생태계에서도 막대한 영향을 미치고 있음

③ 중국이 한국경제에 미치는 영향

2021년 기준 한국의 10대 무역지 중 중국의 비중이 40%에 이르고 있으며, 우리나라 수출액의 약 25%, 수입액의 약 22%를 차지하는 최대교역국이 바로 중국임

④ 게임시장

리그오브레전드, 오버워치, 배틀 그라운드 등 이제는 제작뿐만 아니라 프로리그에서도 많은 성장을 이루고 있음(게임 소비국에서 게임 생산국으로서의 위상을 키워나감)

⑤ 우주, 군사, 건설 기술

우주태양광 발전소 건립 추진, 달 탐사선 '창어' 4호, 자체 항공모함 보유, 우주 정거장 '텐궁 2호', '선조우 13호' 도킹 성공 등의 우주선 발사

⑥ 의료시장

의료기기, 제약 시장이 지속적으로 성장, 모바일을 통한 '스마트 의료' 원격진료시스템 및 보건 의료 정책변화의 구축 등을 마련

⑦ **자율주행**

중국 최대의 검색엔진인 바이두(百度, bǎidù)는 중국정부의 지원으로 현재 기술개발업체로 변화하고 있음. 특히 AI를 집중적으로 육성하여 자율주행 기술을 핵심으로 개발 중이며, 수도 베이징을 중심으로 자율주행택시(로보택시) 유료서비스를 시작함

세계는 어떻게 반응하는가?

① 낸시 펠로시 미국 연방하원의회(의장)

중국어 하나만으로
내가 변한 게 아니라
내 직위가 변했다

② 중국어는 국가 안보에 필요한 5대 언어 중 하나

프랑스어, 스페인어 **480**시간   중국어 **1,320**시간

- 오바마(미국 전 대통령) 재임기간(2012년 기준) 중국으로 10만 명의 유학생들을 보내
  중국과의 교류 활동을 시도
- 영국 : 중등학교 7곳 중 1곳 꼴로 중국어를 선택 후 가르치고 있음

중국의 국기와 휘장

① **중국의 국기** : 오성홍기

붉은 바탕에 다섯 개의 노란색 별이 그려져 있음. 큰 별은 중국 공산당을, 작은 4개의 별은 노동자, 농민, 소자산 계급, 민족자산 계급을 의미

이는 모든 중국인이 함께 단결하자는 뜻을 담고 있음

② **휘장** : 국가의 권위를 상징하는 것으로 휘장을 상징하는 건물은 톈안문(천안문)으로, 중국인민의 혁명전통과 민족정신, 그리고 수도 베이징을 의미함, 가운데 휘장을 둘러싼 쌀과 보리는 농민, 별 아래의 건축물은 구궁, 톱니바퀴는 공장 노동자를 뜻함

중국개관

① **중화인민공화국**(중국) : 첫 글자와 마지막 글자를 넣어 '중국'이라 함

② **수도** : 베이징(北京)

③ **면적** : 약 960만 km^2 (한반도의 약 44배)

④ **행정구역** : 4개의 직할시, 5개의 자치구, 22개의 성(중국은 타이완을 23번째 성이라고 간주), 2개의 특별행정구(씨앙강, 아오먼)

⑤ **인구** : 약 14억 1,178만명 (2021년 기준)

⑥ **민족** : 약 92%를 차지하는 한족(汉族, Hànzú)과 55개의 소수민족

⑦ **표준어** : 보통화

중국의 행정구역(4대 직할시만 대표적으로 소개)

① 4대 직할시

- **베이징**(北京) : 중국의 수도이자 정치의 중심지로 天安门, 故宫 등이 있음

- **상하이**(上海) : 경제 중심의 도시로 东方明珠(푸둥 지역에 있는 높이 468m의 방송 송수신탑)와 같이 세계의 높은 건물들이 많이 밀집된 도시

- **텐진**(天津) : 중국 공업발전의 핵심 역량을 갖춘 도시로 베이징, 허베이와 일체화시킨 핵심 도시

- **충칭**(重庆) : 중국 남서부에 있는 중앙 직할시이자 쓰촨성에 있는 도시로 양쯔강과 자링강의 합류 지점에 위치. 인구는 약 3천만 명이며, 분지 지형의 특성으로 무더운 날씨가 특징이고, 중국 내에서 마지막 대한민국 임시정부가 세워졌던 도시이기도 함

베이징 고궁

대한민국 임시정부

상하이 푸동지역

중국의 명소

① **창청**(만리장성)

중국 역대 왕조들이 북방 민족의 침입을 막기 위해 세운 성벽으로, 중국을 상징하는 대
표적인 건축물 중의 하나이며, 매해 관광 수입으로 엄청난 수익을 내는 중국의 효자 관
광 여행지

길이는 약 6,000km로 1987년 세계 유네스코 문화유산에 지정되었으며 '인류 최대
의 토목 공사'라고 불리고 있음

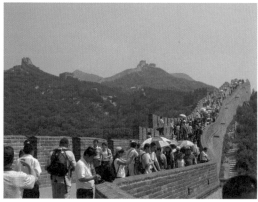

만리장성
〈세계유네스코문화유산〉

② **톈안먼**(천안문)

베이징 구궁으로 들어가는 입구 중 하나이며, 1949년 10월 1일 마오쩌둥(毛泽东, Máo
Zédōng)이 중화인민공화국의 개국을 선포한 역사적인 장소.

톈안먼 광장은 엄청난 규모를 자랑하고 있으며, 매일 아침과 저녁에 국기 호위 대원들
이 게양과 하강 행사를 진행함

천안문   천안문 광장

중국의 대표음식

① 베이징 카오야(북경 오리구이)

프랑스 샤또 브리앙 스테이크, 일본의 혼 마구로 사시미와 더불어 세계 3대 요리로 뛰어난 맛을 자랑하며 중국 북방의 대표 요리

베이징 카오야

② 훠궈(샤브샤브)

진하게 끓여낸 육수에 양고기 또는 소고기를 담가 살짝 익혀 먹는 중국 요리로 쓰촨 지역의 훠궈가 유명함

훠궈

쓰촨 훠궈

③ 자장미엔(짜장면)

삶아서 식힌 면에 볶음장과 각종 채소를 비벼먹는 짠맛이 비교적 강한 요리로, 주로 베이징이나 산동성 지역에서 먹던 가정식 요리. 산동성 출신 화교들이 만들었을 것으로 추정

〈○ / × 퀴즈〉

1. 중국의 국기는 오성홍기로 붉은 바탕에 다섯 개의 노란색 별이
    그려져 있다.

    정답: (○/×)

2. 중국의 행정구역은 4개의 직할시와 5개의 특별행정구, 2개의 자치구, 22개의 성으로 이루어져 있다.

    정답: (○/×)

〈빈칸에 들어갈 알맞은 정답을 넣으시오.〉

3. 중국의 민족은 91.5%의 한족과 (   )개의 소수민족으로 이루어져 있다.

    정답: ───

4. 중국의 수도는 (   )이다.

    정답: ───

5. (   )은 중국 역대 왕조들이 북방 민족의 침입을 막기 위해 세운 성벽으로, 중국을 상징하는 대표적인 건축물 중의 하나이며, 매해 관광 수입으로 엄청난 수익을 내는 중국의 효자 관광 여행지이다.

    정답: ───

정답

1. O

   [피드백] 중국의 국기는 오성홍기로 붉은 바탕에 다섯 개의 노란색 별이 그려져 있다. 큰 별은 중국 공산당을, 작은 4개의 별은 노동자, 농민, 소자산계급, 민족자산 계급을 의미한다. 이는 모든 중국인이 함께 단결하자는 뜻을 담고 있다.

2. ×

   [피드백] 중국은 4개의 직할시, 5개의 자치구, 22개의 성(중국은 타이완을 23번째 성이라고 간주), 2개의 특별행정구(씨앙강, 아오먼)로 이루어져 있다.

3. 55

   [피드백] 중국은 전체 인구의 약 91.5%를 차지하는 한족과 55개의 소수민족으로 구성되어 있으며 소수민족은 전체인구의 약 8.5%를 차지하고 있다.

4. 베이징

   [피드백] 중국의 수도는 '베이징'으로 이곳은 정치의 중심지로 알려져 있다. 天安门, 故宫 등이 있으며 중국어로는 '北京'이다.

5. 창청(만리장성)

   [피드백] 창청(만리장성)의 총 길이는 약 6,000km로 1987년 세계 유네스코 문화유산에 지정되었으며 '인류 최대의 토목 공사'라고 불리고 있다.

1 중국개관

① **중화인민공화국**(중국) : 첫 글자와 마지막 글자를 넣어 '중국'이라고 함

② **수도** : 베이징(北京)

③ **면적** : 약 960만 km²(한반도의 약 44배)

④ **행정구역** : 4개의 직할시, 5개의 자치구, 22개의 성(중국은 타이완을 23번째 성
이라고 간주), 2개의 특별행정구(씨앙강, 아오먼)

⑤ **인구** : 약 14억 1,178만 명(2021년 기준)

⑥ **민족** : 약 92%를 차지하는 한족(汉族, Hànzú)과 55개의 소수민족

⑦ **표준어** : 보통화(普通話, pǔtōnghuà)

---

2 중국의 행정구역(4대 직할시)

① **베이징**(北京) : 중국의 수도이자 정치의 중심지로 天安门, 故宫 등이 있음

② **상하이**(上海) : 경제 중심의 도시로 东方明珠(푸둥 지역에 있는 높이 468m의 방송
송수신 탑)와 같이 세계에서 가장 높은 건물들이 많이 밀집된 도시

③ **톈진**(天津) : 중국 공업발전의 핵심 역량을 갖춘 도시로 베이징, 허베이와 일
체화시킨 핵심 도시

④ **충칭**(重庆) : 중국 남서부에 있는 중앙 직할시이자 쓰촨성에 있는 도시로 양쯔
강과 자링강의 합류 지점에 위치. 인구는 약 3천만 명이며, 분지 지형의 특성
으로 무더운 날씨가 특징이고, 중국 내에서 마지막 대한민국 임시정부가 세
워졌던 도시이기도 함

기초 중국어 회화

중국과
중국어

중국의 인구

① **중국인구** : 약 14억 1,178만명(2021년 기준) / 헤이하이즈(黑孩子)까지 포함하면 약 15억명 정도로 추정

※ 헤이하이즈(黑孩子) 및 인구고령화에 따라 변화하는 중국의 정책
중국은 산아제한 정책으로 2016년 이전까지는 1가구 1자녀만 출산이 허용되었으나 인권 및 인구고령화 등의 문제들로 인하여 2016년 1가구당 2자녀까지 출산을 허용시켰으며, 2021년 5월 31일에는 당 총서기인 시진핑 국가주석의 '가족계획 정책 개선과 장기적인 인구 균형 발전에 관한 결정'을 심의하고, 부부가 낳을 수 있는 자녀 수를 3명으로 확대하였음

② **중국의 민족** : 중국의 민족은 중국 전체인구의 약 92%를 차지하는 한족과 약 8%를 차지하는 55개의 소수민족으로 구성(2010년 전국 총인구 조사 통계 결과 가장 많은 인구의 소수민족은 쫭족(약 1,700만명의 인구)으로 집계됨)

③ **화폐** : 중국의 통화는 런민비(人民币RMB)이며, 기본 단위는 위안(元, ¥)을 사용, 1위안(元)은 10지아오(角), 1지아오(角)는 10펀(分)이라 하나, 일상생활에서는 위안(元)을 콰이(快), 지아오(角)를 마오(毛)라고도 부른다. 펀(分)은 화폐 가치가 너무 낮아 실생활에서는 거의 사용되지 않고 있다.

※ 2022년 기준 1위안(¥1)은 한화로 약 193원
통용되는 지폐 : 100元, 50元, 20元, 10元, 5元, 1元, 5角, 1角
통용되는 동전 : 1元, 5角, 1角

소수민족

① 중국은 4개의 직할시, 23개의 성, 5개의 자치구를 중심으로 구성된 국가로 이들은 각 지역에 거주하면서 중국 문화의 다양성을 유지하는 역할을 하고 있음

(角지폐에 등장하는 중국의 소수민족 : 만주족, 부의족, 조선족 등)

② 중국의 대표 소수민족

• **장족**(壯族) : 중국 정부가 공식적으로 인정하고 있는 민족으로 인구는 약 1,700만 명이고, 소수민족 중 가장 많은 인구를 갖고 있음(청색을 숭상하는 민족)

- **묘족**(苗族) : 약 1,000만명의 인구로 공예기술과 예술이 뛰어난 민족이며, 화려한 전통 의상이 특징

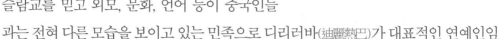

- **위구르족**(维吾尔族) : 약 1,000만명의 인구로 이슬람교를 믿고 외모, 문화, 언어 등이 중국인들과는 전혀 다른 모습을 보이고 있는 민족으로 디리러바(迪麗熱巴)가 대표적인 연예인임

③ 중국 소수민족의 명절

- **멍구족의 那达幕 대회** : 드넓은 몽고 초원에서의 유목 문화를 배경으로 하는 멍구족은 매년 6월 4일부터 9일까지 '那达幕' 대회를 거행함. 이는 멍구어로 '놀이, 오락'이라는 뜻으로 대회에는 말달리기, 활쏘기, 씨름 등의 경기를 진행하며 2006년에는 중국 1급 무형 문화재로 지정

- **따이족의 泼水节**(축제) : 중국 윈난성에 거주하는 따이족은 태국과 라오스의 주요 민족과 같은 민족임. 매년 4월 중순에 펼쳐지는 '泼水节(물뿌리기 축제)'는 맑은 물로 불상을 씻긴 후, 서로 물을 뿌려주며 즐겁게 축복하는 축제

따이족 물뿌리기 축제

④ 중국의 호적제도 - 户口

- **농민공 农民工** : 농촌 출신 저임금 도시노동자를 뜻하는 용어로 현재 중국 정부의 부담이 되고 있음. 이들의 생활거주지는 도시이지만 의료나 교육 등 기본적인 공공 서비스를 전혀 받지 못하고 있음. 이는 중국만의 독특한 호구(户口) 제도에 있음

- **호구 户口** : 우리나라의 주민 등록 제도처럼 신분과 거주지를 증명하는 제도. 1958년 마오쩌둥(毛泽东, Máo Zédōng)이 '호적등록조례'를 만들어 정부가 주민들의 도시 - 농촌 사이의 거주지 이전을 통제하는 방법으로 사용

  심지어 중국의 대학수학능력시험인 '高考'에서도 호적 안에 있는 도시의 학교를 지원 시 가산점을 주고 있어서 합리적이지 못하다는 비판을 받고 있음

중국어에 대해서

① **중국어** : 세계에서 가장 많은 사람이 사용하는 언어로 싱가포르, 말레이시아 등 화교들이 거주하는 지역에서도 통용됨. 국제연합(UN)의 공식언어들은 국제연합의 회의, 문서 등에 사용되는 언어로, 중국어는 1945년 국제연합 공식 언어로 지정됨

② **한어**(汉语) : 중국인들이 부르는 중국어로 한족의 언어이기 때문에 '한어'라 칭함

③ **7대방언** : 중국은 국토가 넓은 만큼 다양한 방언(7대방언)을 사용함. 의사소통에 어려움이 있음 (서로 다른 방언들로 대화가 이루어지지 않음)

④ **보통화**(普通話) : 중국의 표준어로 중국어로는 'pǔtōnghuà'로 읽음

⑤ **간화자**(简化字) : 중국어를 어렵게 생각하는 이유 중 하나가 바로 한자(漢字)인데, 중국에서는 획수가 많고 복잡한 한자들의 팔과 다리를 잘라 간략하게 만들었는데 이를 간화자라고 함(고대 중국어 문자의 변혁 : 진나라의 문자통일, 현대 중국어 문자의 변혁 : 번체자에서 간화자의 변화)
1956년 중국어 한자가 너무 복잡하고 어려워 문맹률이 높다는 점을 제기하여 1964년 「간체자총표(简体字总表)」를 통해 간체화 부수(简化偏旁)의 사용범위 등을 상세하게 정하고 1986년에 재조정을 거쳐 현재 상용 간체자로 2274자와 간체화 부수 132자가 정해짐

⑥ **한어병음**(汉语拼音) : 한글, 영어의 표음문자와 달리 중국어는 뜻글자(표의문자)로 발음을 나타낼 수 없음. 이에 발음은 로마자를 이용하여 표기하는데 이를 한어병음이라고 함

주음부호 : 현재 타이완(대만)에서 사용하는 발음표기법을 주음부호라 하며, 타이완은 간화자가 아닌 번체자를 사용하고 있음

연습 문제

〈빈칸에 들어갈 알맞은 정답을 넣으시오.〉

1. 중국은 모두 ( ) 개의 소수민족으로 이루어진 국가이다.

                                        정답: ―――――

2. 중국의 인구에는 인구주택 총조사에 포함되지 않는 사람들도 있다. 이러한 사람들
    을 중국어로 ( )라 부른다.

                                        정답: ―――――

3. ( )는 세계에서 가장 많은 사람들이 사용하는 언어로, 말레이시아, 싱가포르 등 화
    교가 거주하는 지역에서도 통용된다.

                                        정답: ―――――

4. 한글, 영어의 표음문자와 달리 중국어는 뜻글자(표의문자)로 발음을 나타낼 수 없다.
    이에 로마자를 이용하여 발음을 표기하는데 이를 ( )이라고 한다.

                                        정답: ―――――

5. 중국의 소수민족 중 ( )은 중국 정부가 공식적으로 인정하고 있는 민족으로 인구는
    약 1,700만 명이고, 소수민족 중 가장 많은 인구를 갖고 있다.

                                        정답: ―――――

정답

1. 55개

피드백   중국은 한족과 55개의 소수민족으로 이루어진 국가이다.

2. 헤이하이즈

피드백   중국의 산아제한 정책으로 호적에 이름을 올리지 못하는 아이들을 일컬어 말한다.

3. 중국어

피드백   세계에서 가장 많은 사람이 사용하는 언어이자 싱가포르, 말레이시아 등 화교들이 거주하는 지역에서도 통용됨. 국제연합(UN)의 공식 언어들은 국제연합의 회의, 문서 등에 사용되는 언어로, 중국어는 1945년 국제연합 공식 언어로 지정됨

4. 한어병음

피드백   참고로 타이완에서 사용하는 발음표기법을 주음부호라 하며, 타이완은 간화자가 아닌 번체자를 사용하고 있음

5. 쫭족

피드백   중국의 인구는 약 92%를 차지하는 한족과 약 8%를 차지하는 55개의 소수민족으로 쫭족의 인구는 약 1,700만 명이고, 소수민족 중 가장 많은 인구이다.

1 **인구** : 약 14억 1,178만명(2021년 기준)

2 **민족** : 약 92%를 차지하는 한족(汉族)과 약 8%를 차지하는 55개의 소수민족으로 구성

3 **대표 소수민족**
- **장족**(壮族) : 중국 정부가 공식적으로 인정하고 있는 민족으로 인구는 약 1,700만 명이고, 소수민족 중 가장 많은 인구를 갖고 있음
- **묘족**(苗族) : 약 1,000만명의 인구로 공예기술과 예술이 뛰어난 민족이며, 화려한 전통 의상이 특징
- **위구르족**(维吾尔族) : 약 1,000만명의 인구로 이슬람교를 믿고 외모, 문화, 언어 등이 중국인들과는 전혀 다른 모습을 보이고 있는 민족

4 **중국어** : 세계에서 가장 많은 사람이 사용하는 언어로 싱가포르, 말레이시아 등 화교들이 거주하는 지역에서도 통용됨. 국제연합(UN)의 공식 언어들은 국제연합의 회의, 문서 등에 사용되는 언어로, 중국어는 1945년 국제연합 공식 언어로 지정

5 **한어**(汉语) : 중국인들이 부르는 중국어, 한족의 언어이기 때문에 '한어'라 함

6 **7대 방언** : 중국은 국토가 넓은 만큼 다양한 방언(7대방언)을 사용함. 의사소통에 어려움이 있음 (서로 다른 방언들로 대화가 이루어지지 않음)

7 **보통화**(普通話) : 중국의 표준어로 중국어로는 'pǔtōnghuà'

8 **간화자**(简化字) : 중국어를 어렵게 생각하는 이유 중 하나가 바로 한자인데, 중국에서는 획수가 많고 복잡한 한자들의 팔과 다리를 잘라 간략하게 만들었는데 이를 간화자라고 함

기초 중국어 회화 ③강

중국어
발음의 이해
성조와 기본운모

3강 중국어 발음의 이해
성조와 기본운모

01 성조의 이해

1) 중국어 **발음의 3요소** : 성조, 성모, 운모

성조 ＋ 성모 ＋ 운모

2) **성조** : 중국어의 모든 발음들은 음의 높낮이가 있는데 현대중국어에서 사용되는 중국어에는 모두 4개의 성조가 있음. 같은 발음이라도 성조가 다르면 각각의 의미가 달라지기 때문에 주의해야 함

김성훈	金圣训 (简化字 간화자)	Jīn Shèngxùn (한어병음)

ā ① **제1성** : 가장 높고 평탄하게 내는 소리(5-5)

　예) mā(전화 상담원이 상대방의 전화를 받고 '네'라고 말하는 것처럼)

á ② **제2성** : 중간 음에서 가장 높은 음으로 끌어올리는 소리(3-5)

　예) má(놀라서 '나?'하고 되묻는 소리로)

ǎ ③ **제3성** : 낮은음에서 가장 낮은 음까지 내렸다가 다시 중간 음으로 끌어 올리는 소리(2-1-4)

　예) mǎ('당신 너무 예쁜 거 알아요?' 라고 하면 '네'라고 답변하듯이)

à ④ **제4성** : 가장 높은 음에서 가장 낮은 음으로 빠르게 끌어내리는 소리 (5-1)

　예) mà('내가 예쁘다고 한 말 거짓말인거 아시죠?'라고 하면 '네'라고 단호하게 대답하듯이)

mā	má	mǎ	mà
엄마	삼, 마	말	욕하다

3) 성조표기 방법(a 발음을 성조로 표기했을 때 아래와 같다.)

제1성	ā
제2성	á
제3성	ǎ
제4성	à

① 성조를 이용한 발음연습 방법(아래 순서의 성조대로 발음연습)

1-2-3-4
2-3-4-1
3-4-1-2
4-1-2-3

4) 경성

① 정의 : 본래의 성조를 잃고 짧고 가볍게 내는 소리로 경성은 성조 표기를 하지
않으며, 앞에 사용되는 음절의 성조에 따라 음높이가 달라지게 된다.

중국어에는 문장 끝에 놓여 말하는 사람의 태도, 심정 등 여러가지 감정을 표현할 수 있는 어기
조사가 있는데 주로 경성으로 사용됨

※ **경성으로 발음되는 대표적인 경우 :**

같은 단어가 반복될 경우 뒷 글자는 경성으로 표기(看看 , 吃吃)

방위사(위, 아래, 안, 밖, 쪽 등)들이 표현하려는 단어의 뒤에 놓일 때

(shàng(上), xià(下), lǐ(里), biān(边) 등)

5) 발음은 동일하지만 성조에 따라 의미가 변하는 중국어

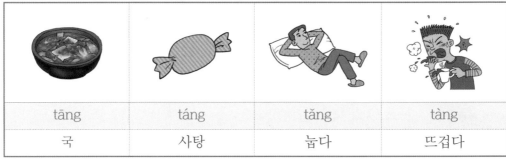

tāng	táng	tǎng	tàng
국	사탕	눕다	뜨겁다

1) 3성 + 3성의 성조변화

두 음절이 모두 3성으로 이루어진 경우 앞의 3성은 2성으로 발음한다.

(단, 성조표기의 변화는 없고 발음 시에만 2성으로 발음)

 nǐhǎo 안녕하세요 / shuǐguǒ 과일 / hěn hǎo 매우 좋다

〈3성+3성+3성〉일 경우 = 〈2성+2성+3성〉으로 발음 / wǒ hěn hǎo

2) 반3성(半上 bànshǎng)

제3성 뒤에 제3성 이외의 성조가 와서 연독될 때, 앞의 3성이 강승조에서 하강조로 변하는 성조를 반3성이라 함

즉, 반3성이란 : 2-1-4에서 중간 부분까지인 2-1까지만 발음하는 것으로 3성 뒤에 〈1성, 2성, 4성〉인 경우 앞에 있는 3성을 반3성으로 발음

※ 반3성의 예

〈3성+1성〉 dǎzhēn, zhǐhuī, jiǎndān, měitiān, qǔxiāo, zhǔzhāng

〈3성+2성〉 běnlái, yǒumíng, guǒrán, qǐchuáng, lǐyóu, mǎnzú

〈3성+4성〉 yǐhòu, fǎnduì, yǐnliào, wěidà, gǎnxiè, fǎngwèn

3) 'yī'와 'bù'의 성조변화

* 'yī'는 숫자 '1'을 뜻하는 단어로 단독으로 쓰이거나 월, 서수를 나타낼 때는 본래의 성조인 1성으로 발음한다.

 yī 1, yīyuè 1월, dìyīkè 제1과

하지만 'yī' 뒤에 1, 2, 3성이 올 경우 'yī'는 4성으로 변경하여 발음된다. 이 때 성조 표기 역시 4성으로 바꾼다.

'yī' 뒤에 4성이 올 경우 'yī'는 2성으로 변경하여 발음한다. 이 때도 성조 표기는 2성으로 바꾼다.

 yì zhī 한 마리, yì běn 한 권, yí liàng 한 대

• 'bù'는 본래 4성으로 발음되지만 'bù'뒤에 1,2,3성이 올 경우 4성 그대로 유지한다. 단 'bù' 뒤에 4성이 올 경우 2성으로 바꾸어 발음한다.

$$\overset{\text{4성}}{\text{bù}} \longrightarrow \overset{\text{2성}}{\text{bú}} + \text{4성}$$

 bú lèi 피곤하지 않다, bú qù 가지 않는다

1) 기본운모

　① **운모** : 음절에서 성모를 제외한 나머지 부분으로 우리말의 모음에 해당 (중성, 종성에 해당되는 발음)

　② **운모의 종류** : 기본운모(단운모), 결합운모(복운모, 비운모, 권설운모)

　③ **기본운모**(단운모)

 기본운모만 정확히 학습하면 나머지 결합운모를 익히는데 큰 문제가 없으니 큰 소리로 발음연습(외국어 발음 연습 시는 과도하게 시도하기)

기본운모 6개

a	우리말의 '아'보다 입을 조금 더 크게 벌려 발음한다.
o	우리말의 '오'와 '어'의 중간소리로 발음한다.
e	입을 반쯤 벌리고 우리말의 '으어'에 가깝게 발음한다.
i	우리말의 '이'와 비슷하게 발음하지만 '이'보다 입을 양옆으로 조금 더 벌리고 발음한다.
u	우리말의 '우'와 비슷하지만 '우'보다 입을 조금 더 작게 하여 발음한다.
ü	우리말의 '위'와 비슷하지만 '위'보다 입을 조금 더 동그랗게 하여 발음한다.

〈빈칸에 들어갈 알맞은 정답을 넣으시오.〉

1. 중국어 음절의 3요소는 성모, 운모, (   )로 이루어져 있다.

    정답: _____

2. 가장 높은 음에서 가장 낮은 음으로 빠르게 끌어내리는 소리는 제(   )성이다.

    정답: _____

3. 중국어의 기본운모는 모두 6개로 (   ), (   ), (   ), (   ), (   ), (   )이다.

    정답: _____

〈O / × 퀴즈〉

4. 'bù'의 성조변화와 관련하여 'bù'는 본래 4성으로 발음되지만 'bù' 뒤에 1,2,3성이 올 경우에도 4성으로 발음한다.

    정답: (O / ×)

5. 'nǐhǎo(안녕하세요)'의 문장에서 첫음절에 있는 'nǐ'는 실제적으로 4성으로 발음한다.

    정답: (O / ×)

6. 'a' 발음의 제3성 성조표기를 해보시오.

a

7. 괄호 안에 들어갈 이것은?

    > (이것)은 본래의 성조를 잃고 짧고 가볍게 내는 소리로 (이것)은 성조 표기를 하지 않으며, 앞에 사용되는 음절의 성조에 따라 음높이가 달라지게 된다.

    정답: _____

정답

1. 성조

   피드백 중국어 발음의 3요소는 성모, 운모, 성조이다.

2. 4성

   피드백 4성은 가장 높은 음에서 가장 낮은 음으로 빠르게 끌어내리는 소리이다.

3. a, o, e, i, u, ü

   피드백 중국어의 기본운모는 모두 6개로 'a,o,e,i,u,ü'로 이루어져 있다.

4. O

   피드백 'bù'는 본래 4성으로 발음되지만 'bù'뒤에 1,2,3성이 올 경우 'bù'는 4성 그대로 유지한다. 단 'bù' 뒤에 4성이 올 경우 'bù'는 2성으로 바꾸어 발음한다. 예) bú lèi 피곤하지 않다, bú qù 가지 않는다

5. ×

   피드백 두 음절이 모두 3성으로 이루어진 경우 앞의 3성은 2성으로 발음한다. 단, 성조표기의 변화는 없고 발음 시에만 2성으로 발음한다. 따라서 정답은 ×이다.

6. ǎ

   피드백 표준중국어에 사용되는 성조는 모두 4개로 제1성 'ā', 제2성 'á', 제3성 'ǎ', 제4성 'à'으로 표기한다.

7. 경성

   피드백 경성에 해당되는 설명이다.

1️⃣ 중국어 발음의 3요소 : 성조, 성모, 운모

2️⃣ 성조 : 소리의 높낮이를 나타내는 것으로 모두 4개의 성조가 있음

3️⃣ 반3성
- 3성 뒤에 〈1성, 2성, 4성〉인 경우 앞에 있는 3성을 반3성으로 발음
  반3성이란 : 2-1-4에서 중간 부분까지인 2-1까지만 발음하는 것

4️⃣ 'yī'와 'bù'의 성조변화
- 'yī'는 숫자 '1'을 뜻하는 단어로 본래 1성으로 발음되지만 'yī' 뒤에 1,2,3성이 올 경우 'yī'는 4성으로 변경하여 발음한다. 이 때의 성조 표기는 4성으로 바꾼다. 'yī' 뒤에 4성이 올 경우 'yī'는 2성으로 변경하여 발음한다.
  예) yì zhī 한 마리, yì běn 한 권, yí liàng 한 대
- 'bù'는 본래 4성으로 발음되지만 'bù'뒤에 1,2,3성이 올 경우 'bù'는 4성 그대로 유지한다. 단 'bù' 뒤에 4성이 올 경우 'bù'는 2성으로 바꾸어 발음한다.
  예) bú lèi 피곤하지 않다, bú qù 가지 않는다

5️⃣ 중국어의 기본운모 (a, o, e, i, u, ü)

a	우리말의 '아'보다 입을 조금 더 크게 벌려 발음한다.
o	우리말의 '오'와 '어'의 중간소리로 발음한다.
e	입을 반쯤 벌리고 우리말의 '으어'에 가깝게 발음한다.
i	우리말의 '이'와 비슷하게 발음하지만 '이'보다 입을 양옆으로 조금 더 벌리고 발음한다.
u	우리말의 '우'와 비슷하지만 '우'보다 입을 조금 더 작게 하여 발음한다.
ü	우리말의 '위'와 비슷하지만 '위'보다 입을 조금 더 동그랗게 하여 발음한다.

중국어
발음의 이해
성모와 기타운모

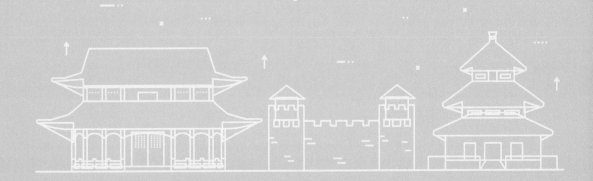

01 성모의 이해

1) **성모** : 음절의 앞부분에 해당하는 부분으로 우리말의 자음에 해당하며 초성에 해당하는 부분(모두 7개의 분류로 총 21개가 있음)

쌍순음	윗입술과 아랫입술을 붙였다 떼면서 내는 소리	b, p, m
순치음	윗니를 아랫입술에 살짝 대었다 떼면서 내는 소리	f
설첨음	혀끝을 윗니 뒤쪽 잇몸에 붙였다 떼면서 내는 소리	d, t, n, l
설근음	혀뿌리를 입천장 뒤쪽의 연한 부분에 가까이 대고 내는 소리	g, k, h
설면음	혀의 앞부분을 입천장 앞쪽에 붙였다 떼거나 가까이 대고 내는 소리	j, q, x
권설음	혀끝을 위쪽으로 오므리면서 입천장 안쪽에서 내는 소리	zh, ch, sh, r
설치음	혀끝을 윗니 뒤쪽에 붙였다 떼면서 내는 소리	z, c, s

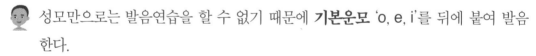

성모만으로는 발음연습을 할 수 없기 때문에 **기본운모 'o, e, i'**를 뒤에 붙여 발음한다.

쌍순음	b	o	뽀어
	p		포어
	m		모어
순치음	f		포어
설첨음	d	e	뜨어
	t		트어
	n		느어
	l		르어

설근음	g	e	끄어
	k		크어
	h		흐어
설면음	j		지이
	q		치이
	x		씨이
권설음	zh	i	즈으
	ch		츠으
	sh		쓰으
	r		르으
설치음	z		쯔으
	c		츠으
	s		쓰으

2) 성모를 이용한 발음연습(b부터 s까지 21개의 성모를 이용한 발음연습)

bàba	pópo	māma	Fǎguó
아빠	시어머니	엄마	프랑스
dìdi	tèbié	nǚrén	le
남동생	특별히	여자	완료
gēge	kělè	hē	jīdàn
형, 오빠	콜라	마시다	계란
qǐchuáng	Xī'ān	Zhōngguó	chīfàn
일어나다	시안[지명]	중국	밥을 먹다
shìde	Rìběn	zǔzhī	cā
그렇다	일본	조직하다	닦다
sì	발음연습 시 크고 과장되게 연습하는 것이 중요!		
4			

1) 우리말의 모음에 해당하는 것으로 **기본운모 6개**를 포함하여 **모두 36개**로 이루어져 있음. 즉, **운모**는 기본운모와 결합운모로 이루어져 있음

2) 운모의 구조

　① **기본운모** : 한 개의 모음으로 이루어진 것으로 단운모라고도 함

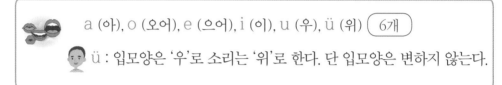

　　a (아), o (오어), e (으어), i (이), u (우), ü (위)　6개

　　ü : 입모양은 '우'로 소리는 '위'로 한다. 단 입모양은 변하지 않는다.

　② **복운모** : 두 개의 모음으로 구성된 운모

　　ai (아이), ei (에이), ao (아오), ou (오우)　4개

　③ **비운모** : 콧소리가 나는 음들의 'n', 'ng'와 결합하여 만들어진 운모

　　an (안), en (으언), ang (앙), eng (으엉), ong (옹)　5개

　④ **권설운모** : 혀끝을 말아서 발음하는 운모

　　er (얼)　1개

　⑤ **i 결합운모**

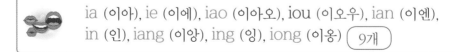

　　ia (이아), ie (이에), iao (이아오), iou (이오우), ian (이엔),
　　in (인), iang (이앙), ing (잉), iong (이옹)　9개

⑥ u 결합운모

> ua (우아), uo (우오), uai (우아이), uei (우에이), uan (우완),
> uen (우원), uang (우앙), ueng (우엉), üe (위에), üan (위엔),
> ün (윈) (11개)

3) 한어병음으로 이루어진 단어 읽기연습

nǐ	hǎo	nǎ	guó
당신	좋다	어느	나라
rén	jiào	shénme	míngzi
사람	~부르다	무엇, 무슨	이름
xièxie	bú kèqi	zàijiàn	míngtiān
감사합니다	천만에	안녕	내일
jǐ	yuè	hào	yùndòng
몇	월	일	운동

03 중국인처럼 말해보아요!

1) 先到先得。Xiāndào xiāndé. : '먼저 도착한 자가 먼저 얻는다.'라는 뜻으로 '**선착순**'의
중국어 표현문장이다.

2) 谁跟谁呀! Shéigēnshéiya! : '**우리 사이에!**'라는 의미로 친한 사이에 '**뭘, 이런 걸로
그러니?**' 등의 표현을 사용할 때 쓰이는 문장이다.

1. 혀끝을 위쪽으로 오므리면서 입천장 안쪽에서 내는 소리인
   권설음이 들어 있지 않는 것은?

   ① Zhōngguó   ② Rìběn   ③ zìyóu
   ④ chīfàn   ⑤ shàngkè

2. 설근음에 해당하는 발음으로 알맞은 것은?

   ① b, f   ② k, x   ③ sh, r   ④ g, h   ⑤ n, l

3. 콧소리가 나는 음들의 'n', 'ng'와 결합하여 만들어진 운모를 무엇이라고 하는가?

   ① 비운모   ② 단운모   ③ 순치운모   ④ 복운모   ⑤ 권설운모

4. 괄호 안에 들어갈 알맞은 숫자는?

   > 표준중국어에 사용되는 성모는 모두 7개의 분류로 ( )개가 있다.

   ① 18   ② 19   ③ 20   ④ 21   ⑤ 22

5. 중국어의 기본운모가 아닌 것은?

   ① e   ② i   ③ b   ④ o   ⑤ a

6. 설첨음에 해당하지 않는 발음은?

   ① d   ② b   ③ t   ④ n   ⑤ l

7.   다음의 단어 중에서 권설음이 있는 것은?

① kělè   ② gēge   ③ dìdi   ④ tèbié   ⑤ zǔzhī

정답

1. ③

   피드백 권설음은 외국인이 발음하기 가장 힘들어하는 것으로 모두 4가지가 있다. zh, ch, sh, r

2. ④

   피드백 설근음은 혀뿌리를 입천장 뒤쪽의 연한 부분에 가까이 대고 내는 소리로 'g, k, h'가 있다.

3. ①

   피드백 콧소리가 나는 음들은 비(鼻)운모에 해당한다.

4. ④

   피드백 성모는 음절의 앞부분에 해당하는 부분으로 우리말의 자음에 해당하며 초성에 해당하는 부분이다. 모두 7개의 분류로 총 21개가 있다.

5. ③

   피드백 운모는 우리말의 모음에 해당하는 것으로 기본운모 6개는 'a, o, e, i, u, ü'로 이루어져 있다. 'b'는 성모(쌍순음)에 해당되는 발음이다.

6. ②

   피드백 설첨음은 '혀끝을 윗니 뒤쪽 잇몸에 붙였다 떼면서 내는 소리'로 모두 4개가 있다.(d, t, n, l)
   ②번에 'b'는 쌍순음에 해당하는 발음이다.

7. ⑤

   피드백 권설음은 '혀끝을 위쪽으로 오므리면서 입천장 안쪽에서 내는 소리'로 'zh, ch, sh, r'가 있다. 이에 권설음이 들어있는 단어는 ⑤번 zǔzhī이다.

1 **성모** : 음절의 앞부분에 해당하는 부분으로 우리말의 자음에 해당하며 초성에 해당하는 부분(모두 7개의 분류로 총 21개가 있음)

쌍순음	윗입술과 아랫입술을 붙였다 떼면서 내는 소리	b, p, m
순치음	윗니를 아랫입술에 살짝 대었다 떼면서 내는 소리	f
설첨음	혀끝을 윗니 뒤쪽 잇몸에 붙였다 떼면서 내는 소리	d, t, n, l
설근음	혀뿌리를 입천장 뒤쪽의 연한 부분에 가까이 대고 내는 소리	g, k, h
설면음	혀의 앞부분을 입천장 앞쪽에 붙였다 떼거나 가까이 대고 내는 소리	j, q, x
권설음	혀끝을 위쪽으로 오므리면서 입천장 안쪽에서 내는 소리	zh, ch, sh, r
설치음	혀끝을 윗니 뒤쪽에 붙였다 떼면서 내는 소리	z, c, s

2 **운모** : 우리말의 모음에 해당하는 것으로 기본운모 6개를 포함하여 모두 36개로 이루어져 있음. 즉, 운모는 기본운모와 결합운모로 이루어져 있음

① 기본운모 : 한 개의 모음으로 이루어진 것으로 단운모라고도 함

> a (아), o (오어), e (으어), i (이), u (우), ü (위) (6개)

② 복운모 : 두 개의 모음으로 구성된 운모라고 함

> ai (아이), ei (에이), ao (아오), ou (오우) (4개)

③ 비운모 : 콧소리가 나는 음들의 'n', 'ng'와 결합하여 만들어진 운모

> an (안), en (으언), ang (앙), eng (으엉), ong (옹) (5개)

④ 권설운모 : 혀끝을 말아서 발음하는 운모

> er (얼) (1개)

⑤ i 결합운모

> ia (이아), ie (이에), iao (이아오), iou (이오우), ian (이엔),
> in (인), iang (이앙), ing (잉), iong (이옹) (9개)

⑥ u 결합운모

> ua (우아), uo (우오), uai (우아이), uei (우에이), uan (우완), uen (우
> 원), uang (우앙), ueng (우엉), üe (위에), üan (위엔), ün (윈) (11개)

한어병음

표기 규칙과 기타사항

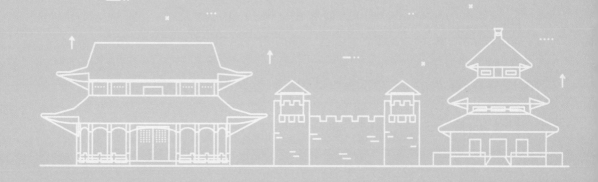

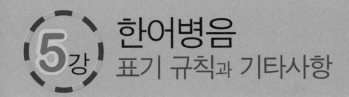

5강 한어병음
표기 규칙과 기타사항

01 한어병음 표기 시 유의사항

1) 성조의 표기는 운모 위에 표기하는 것이 원칙

예) lǐ, hǎo, jiào, Zhōngguó, túshūguǎn, Jīn Shèngxùn

2) 운모가 여러 개일 경우는? 어디 운모 위에 표기?

1순위 : a	2순위 : o, e	3순위 : i, u, ü
hǎo, zhāng	guó, hěn	jiǔ, huì

3순위에 있는 'jiǔ, huì' 경우 성조 표기의 위치가 다름
→ 'i'와 'u'가 나란히 함께 사용될 경우에는 뒤에 있는 운모 위에 성조를 표기한다.

3) 'i' 위에 성조를 표기할 경우 'i'위에 있는 점을 생략한다.

예) nǐ, lǐ, mǐ, měi, gǎi, cāi

4) 설면음(j, q, x) 뒤에 'ü'가 있으면 'ü'위의 두 점을 생략하고 표기한다.

예) j + ü = jǔ, q + ü = qù, x + ü= xū

5) 성모 + 'iou, uei, uen'일 경우 각각 가운데 있는 운모를 생략한다.

예) j + iou ☞ jiu, d + uei ☞ duì, ch + uen ☞ chūn

6) 운모 'i, u, ü'가 단독으로 사용될 때는 각각 'yi, wu, yu'로 바꾸어 표기해야 한다.

① 성모 없이 'i'로 시작하는 운모는 'i→y'로 표기한다.(단, 'in'과 'ing'는 'i'를 'yi'로 표기)

> 예) ia → ya, in → yin, ian → yan, ing → ying

② 성모 없이 'u'로 시작하는 경우는 'u→w'로 표기한다.

> 예) ua → wa, uo → wo, uang → wang

③ 성모 없이 'ü'로 시작하는 경우는 'ü→yu'로 표기한다.

> 예) üe → yue, üan → yuan, ün → yun

7) 사람의 성과 이름, 고유명사의 첫 글자, 문장 첫 글자의 한어병음은 **대문자로 표기**한다.

> 예) Jīn Shèngxùn, Hánguó, Nǐ hǎo

8) **격음부호** : 'a, o, e'로 시작되는 음절이 다른 음절 앞에 오는 경우, 앞 음절과 뒤 음절을 확실히 구분하기 위해 사용함

> 예) Tiān'ānmén, kě'ài, (xiān, Xī'ān)

1) 숫자로 배우는 중국어 발음

1	2	3	4	5
yī 一	èr 二	sān 三	sì 四	wǔ 五
6	**7**	**8**	**9**	**10**
liù 六	qī 七	bā 八	jiǔ 九	shí 十

2) 손가락으로 표현하는 중국어 숫자(손가락으로 숫자를 표현하며 말해보는 연습을 해보세요)

예)

3) 한어병음으로 중국어 문장 읽기

1) Nǐ hǎo ma?
잘 지내셨어요?

2) Wǒ shì Hánguórén.
저는 한국인입니다.

3) Zài ma?
계십니까?

4) Zhēnde ma?
진짜입니까?

5) Nǐ shì shéi?
당신은 누구신가요?

6) Shuàigē, dǎrǎo yíxià.
핸섬가이, 말씀 좀 묻겠습니다.

7) Wǒ qù guo Tiān'ānmén.
저는 톈안문에 가봤습니다.

8) Nǐ jiā yǒu jǐ kǒu rén?
당신의 가족은 몇 명입니까?

1. 성조 부호의 표기가 잘못된 것을 고르시오.

   ① běi   ② jiào   ③ liù   ④ gùi   ⑤ zhēn

2. 한어병음의 표기를 바르게 한 것은? (성조표기는 생략되어 있음)

   ① jiou   ② liou   ③ zhun   ④ kuen   ⑤ duei

3. 경성의 성조 변화와 관련된 내용이다. 다음 중 경성의 높이가 가장 낮은 음으로 발음될 때는 앞에 몇 성과 함께 발음될 때인가?

   ① 경성   ② 1성   ③ 2성   ④ 3성   ⑤ 4성

4. 다음 손가락이 가리키는 숫자의 합은?

    +

   ① 12   ② 13   ③ 14   ④ 15   ⑤ 16

5. 다음 손가락이 가리키는 숫자는?

   ① 6   ② 7   ③ 8   ④ 9   ⑤ 10

6.   제시된 성모와 운모의 결합으로 완성된 음절을 적어봅시다.

j + iou = (   )
d + uei = (   )

7.   제시된 음절의 괄호 안에 공통으로 들어갈 병음은?

ua → (   )a
uo → (   )o
uang → (   )ang

정답

1. ④

   피드백 성조표기의 순서는 'a 〉 o, e 〉 i, u ü' 순서이다. 'i'와 'u'가 나란히 함께 사용될 경우에는 뒤에 있는 운모 위에 성조를 표기함

2. ③

   피드백 'iou, uei, uen' 앞에 성모가 있을 때는 가운데 운모를 생략한다.

3. ⑤

   피드백 경성은 제4성 뒤에 발음될 때 가장 낮게 발음된다.

4. ③

   피드백 손가락이 가리키는 숫자는 각각 '6'과 '8'이다. 따라서 두 숫자의 합은 '14'가 된다.

5. ②

   피드백 손가락이 가리키는 숫자는 '7'에 해당되는 표현이다.

6. jiu, dui

   피드백 성모 + 'iou, uei, uen'일 경우 각각 가운데 있는 운모를 생략하고 표기해야 한다.

7. w

   피드백 운모 'i, u, ü'가 단독으로 사용될 때는 각각 'yi, wu, yu'로 바꾸어 표기해야 하며 성모 없이 'u'로 시작하는 운모일 때는 'u'는 'w'로 표기해야 한다.

1 한어병음 표기 시 유의사항

- 성조의 표기는 운모 위에 표기하는 것이 원칙
- 운모가 여러 개일 경우는? a 〉o, e 〉i, u, ü

  ('i'와 'u'가 나란히 함께 사용될 경우 뒤에 있는 운모 위에 성조를 표기)
- 'i' 위에 성조를 표기할 경우 'i' 위의 점을 생략
- 설면음(j, q, x) 뒤에 'ü'가 있으면 'ü'위의 두 점을 생략하고 표기
- 성모 + 'iou, uei, uen'일 경우 각각 가운데 있는 운모를 생략
- 운모 'i, u, ü'가 단독으로 사용될 때는 각각 'yi, wu, yu'로 바꾸어 표기
- 사람의 성과 이름, 고유명사의 첫 글자, 문장 첫 글자의 한어병음은 대문자로 표기
- 격음부호 : 'a, o, e'로 시작되는 음절이 다른 음절 앞에 오는 경우,

  앞 음절과 뒤 음절을 확실히 구분하기 위해 사용

---

2 숫자로 표현하는 중국어

1	2	3	4	5
yī	èr	sān	sì	wǔ
一	二	三	四	五
6	7	8	9	10
liù	qī	bā	jiǔ	shí
六	七	八	九	十

3 손가락을 이용한 숫자표현(손가락으로 숫자를 표현하며 말해보는 연습을 해보세요)

yī	èr	sān	sì	wǔ

liù	qī	bā	jiǔ	shí

기초 중국어 회화 **6**강

인사표현

你好! Nǐ hǎo!

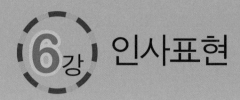

6강 인사표현

你好! Nǐ hǎo!

안녕하세요!

단어	뜻
nǐ 你 니이	대 너, 당신
hǎo 好 하오	형 좋다, 안녕하다
lǎoshī 老师 라오 쓰으	명 선생님
zàijiàn 再见 짜이 찌엔	잘 가
míngtiān 明天 미잉 티엔	명 내일
jiàn 见 찌엔	동 만나다, 보다
men 们 머언	접 (복수)들
wǒmen 我们 워어 머언	대 우리들
tāmen 他们 타아 머언	대 그들
tāmen 她们 타아 머언	대 그녀들
nín 您 니인	대 당신의 높임말

Nǐ hǎo!

你好!

니이 하오!

Lǎoshī hǎo!

老师好!

라오 쓰으 하오!

A 안녕!

B 선생님, 안녕하세요!

대화문 2

Zàijiàn!

再见!

짜이 찌엔!

Míngtiān jiàn!

明天见!

미잉 티엔 찌엔!

A 잘 가!

B 내일 봐!

01 인칭대명사

$$단수 + 们 = 복수$$

인칭	단수	복수
1인칭	我 wǒ 나	我们 wǒmen 우리들
2인칭	你 nǐ 너	你们 nǐmen 너희들
3인칭	他 tā 그	他们 tāmen 그들
	她 tā 그녀	她们 tāmen 그녀들

※ 사물이나 동물을 가리킬 때 : tā 它

02 다양한 대상에 대한 인사말

$$\text{Nǐ} \quad \text{hǎo!}$$
$$你 + 好!$$

선생님	여러분	당신(높임말)	학우
lǎoshī	dàjiā	nín	tóngxué
老师	大家	您	同学

03 때에 따른 인사말 (만났을 때)

$$\text{zǎoshang} \quad \text{hǎo!}$$
$$早上 + 好!$$

아침	점심	저녁
zǎoshang	zhōngwǔ	wǎnshang
早上	中午	晚上

04 다양한 상황에 따른 인사말 (헤어질 때)

zài   jiàn

再 + 见!

내일 봐	잠시 후에 봐	안녕
míngtiān jiàn 明天见	yíhuìr jiàn 一会儿见	zàihuì 再会

05 중국어 잰말놀이 绕口令 ràokǒulìng

四是四，十是十。

十四是十四，四十是四十。

四十四是四十四。

sì shì sì , shí shì shí。

shí sì shì shí sì , sì shí shì sì shí。

sì shí sì shì sì shí sì。

4는 4고, 10은 10이다.

14는 14이고, 40은 40이다.

44는 44이다.

연습 문제

1. 한어병음과 우리말 뜻이 바르게 연결된 것은?

   ① nǐ - 그　　　　　② hǎo – 일　　　　　③ zàijiàn – 무엇

   ④ lǎoshī - 기사님　　⑤ míngtiān - 내일

2. 다음 대화가 가장 빈번하게 일어날 수 있는 장소는?

   > A : Nǐ hǎo!　　　　　　　B : Lǎoshī hǎo!

   ① 식당　　　② 병원　　　③ 학교　　　④ 마트　　　⑤ 공항

3. 다음 문장을 중국어로 표현할 때 필요한 한어병음이 아닌 것은?

   > 내일 봐!

   ① m　　　② t　　　③ j　　　④ d　　　⑤ iān

4. 2인칭의 '당신'을 높여서 부를 때 사용하는 인칭대명사의 단어는?

   ① nǐ　　　② wǒ　　　③ tā　　　④ hǎo　　　⑤ nín

5. 다음 보기의 괄호 안에 들어갈 알맞은 단어를 적으시오.

아침	점심	저녁
zǎoshang 早上	(　　　)	wǎnshang 晚上

6. 빈 칸에 들어갈 수 있는 단어들을 적어보도록 합시다.

> A : 再见!   B : ( ) 见!

① (   )
② (   )
③ (   )

7. 다음 한어병음에 해당하는 중국어는?

> Zàijiàn!

① 明天   ② 我们   ③ 再见   ④ 老师   ⑤ 他们

정답

1. ⑤

   피드백 ① nǐ 당신   ② hǎo 좋다   ③ zàijiàn 잘가
          ④ lǎoshī 선생님

2. ③

   피드백 다음의 대화는 선생님과 대화를 나누는 문장이므로 정답은 ③번
          학교이다.

3. ④

   피드백 제시된 '내일 봐!'의 중국어 문장은 'Míngtiān jiàn! 明天见!'이다.
          따라서 정답은 ④번이다.

4. ⑤

   피드백 '당신'을 높여 부를 때 사용하는 인칭대명사는 'nín 您'으로 이 때
          는 복수형으로 사용하지 않는다.

5. zhōngwǔ 中午

   피드백 '점심'에 해당하는 단어는 'zhōngwǔ 中午'이다.

6. 再, 明天, 一会儿

   피드백 제시된 내용은 작별할 때 사용되는 문장들로 '再(zài), 明天
          (míngtiān), 一会儿(yíhuìr)'을 사용해서 표현할 수 있다.

7. ③

   해석   'Zàijiàn!'은 '잘 가!'에 해당하는 문장으로 중국어로는 '再见'이다.
          따라서 정답은 ③번이다.

   피드백 ① 明天 míngtiān 내일
          ② 我们 wǒmen 우리
          ④ 老师 lǎoshī 선생님
          ⑤ 他们 tāmen 그들

쉐도잉 연습

함께 읽어보도록 합시다.	
Nǐ hǎo! 你好!	안녕!
Lǎoshī hǎo! 老师好!	선생님, 안녕하세요!
Zàijiàn! 再见!	잘 가!
Míngtiān jiàn! 明天见!	내일 봐!

중국인처럼 말해 보아요!

(1) Hǎo zhǔyì!

好主意!

좋은 생각이야!

(2) Wǒ xǐhuan nǐ!

我喜欢你!

나는 너를 좋아해!

정리하기

① 중국어로 만남의 인사를 할 때는? Nǐ hǎo! 你好!

② 중국어로 작별의 인사를 할 때는?　Zàijiàn! 再见!

　Míngtiān jiàn! 明天见!

③ 인칭대명사

인칭	단수	복수
1인칭	wǒ 我 나	wǒmen 我们 우리들
2인칭	nǐ 你 너	nǐmen 你们 너희들
3인칭	tā 他 그	tāmen 他们 그들
	tā 她 그녀	tāmen 她们 그녀들

기초 중국어 회화 ⑦강

감사 및
사과표현

 7강 감사 및 사과표현

감사합니다.

미안합니다.

谢谢! Xièxie!

감사합니다.

对不起! Duìbuqǐ!

미안합니다.

이번 시간 학습할 핵심단어

단어	뜻
shuàigē 帅哥 쓔아이 끄어	명 핸섬가이
zhè 这 쪄어	대 이것
nà 那 나아	대 저것
shū 书 슈우	명 책
shì 是 쓰으	감 네 동 이다
de 的 드어	조 ~의
xièxie 谢谢 씨에 씨에	감사합니다
bù 不 뿌우	부 부정을 나타내는 단어
kèqi 客气 크어 치이	형 예의를 차리다
duìbuqǐ 对不起 뚜에이 뿌우 치이	미안합니다
méi guānxi 没关系 메이 꽈안 씨이	괜찮습니다

Shuàigē, zhè bú shì nǐ de shū ma?

帅哥，这不是你的书吗?

쓔아이 끄어, 쪄어 뿌우 쓰으 니이 드어 슈우 마아?

Zhè shì wǒ de, xièxie!

这是我的, 谢谢!

쪄어 쓰으 워어 드어, 씨에 씨에!

Bú kèqi!

不客气!

뿌우 크어 치이!

A 핸섬가이, 이거 당신 책 아닌가요?

B 그렇습니다. 감사해요!

A 천만에요!

	Duìbuqǐ! **对不起**! 뚜에이 뿌우 치이!
	Méi guānxi! **没关系**! 메이 꽈안 씨이!

※ duìbuqǐ(对不起)와 bùhǎoyìsi(不好意思)의 차이 이해(가볍게 미안함을 표현할 때 'bùhǎoyìsi(不好意思)'를 사용)

A 미안합니다!

B 괜찮습니다!

이것만은 꼭 알아두자

01 중국어 문장의 기본구조 : 주어 + 술어 + 목적어

주어 + 술어 + 목적어
명사 / 동사 / 형용사 / 명사

한국어	중국어
당신은 + 학생 + 이다 주어　목적어　술어	당신은　이다　학생 Nǐ + shì + xuésheng 주어　술어　목적어

02 是 Shì   ~이다

'是(Shì)'자는 문장의 술어로 사용되는 것으로 주로 긍정, 판단, 사물 설명 등을 나타낼 때 사용하며 '~이다'의 뜻이다, 물론 대답할 때 '네'라는 뜻으로도 사용된다.

- shì.   네
- Nǐ shì xuésheng.   당신은 학생이다.
- Tā shì lǎoshī.   그는 선생님이다.

03 不 bù   ~이 아니다

문장에서 부정문을 만들 때 사용되는 부정부사로 위치는 술어 앞에 사용한다. 술어 뒤에 사용하지 않는다.

bù
不 + 술어

- 당신은 학생이 아니다.   Nǐ bú+shì xuésheng. (O)
                             Nǐ shì+bù xuésheng. (X)

不 bù : 본래 4성이지만 뒤에 4성이 올 때 2성으로 바뀐다.

04 吗 ma 의문조사 ~입니까?

일반 평서형의 문장을 의문문으로 바꾸고자 할 때 사용하는 의문조사로 문장의 가장 마지막에 쓰인다.

- Nǐ shì xuésheng ma?   당신은 학생입니까?

05 不是 ~ 吗 búshì ~ ma ~이 아닙니까?

'~이 아닙니까?'의 표현을 나타낼 때 사용할 수 있는 표현법이다.

- Zhè búshì nǐ de qiánbāo ma?   이것은 당신의 지갑이 아닙니까?
- Nà búshì tā de shǒubiǎo ma?   저것은 그의 시계 아닙니까?

qiánbāo 지갑, shǒubiǎo 시계

06 的 de ~의, ~의 것

구조를 연결하는 구조조사로 [소유], [관계], [소속] 등을 나타낼 때 사용되며 명사와 명사 사이를 연결해주는 개념으로 의미는 '~의' 뜻으로 해석한다. 이외에도 문장 끝에 의존명사로 사용되어 '~것'으로도 사용된다.

- Jīn lǎoshī de kǒuzhào.   김선생님의 마스크 [소유]
- Tā de nán péngyou.   그녀의 남자친구 [관계]
- Wǒmen de xuéxiào.   우리의 학교 [소속]
- Wǒde.   [나의 것]

kǒuzhào 마스크, péngyou 친구, xuéxiào 학교

인터넷 사용인구

중국 인터넷 발전 현황 통계보고

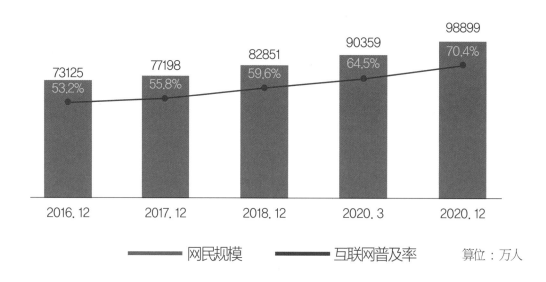

중국인터넷정보센터(CNNIC)에서 발표한 "중국인터넷발전현황통계보고(中国互联网络发展状况统计报告) 2020. 12월"에 따르면 2020년 12월 기준 인터넷 사용자는 약 9억 8천만명, 2013년 기준으로 보았을 때 약 6억 1,800만명에서 3억명 정도가 증가

인터넷 사용문화

① 微信 Wēixìn 메신저(결재서비스, 실시간 스트리밍, 채널 등 다양한 오픈소스)

② 阿里巴巴 Ālǐbābā(淘宝 táobǎo), 京东 Jīngdōng 온라인 쇼핑몰

   (阿里巴巴 : 없는 물건들이 없으며, 가격이 저렴함 / 짝퉁이 많이 있음, 京东 : 정품만을 취급하는 쇼핑몰로 가격이 다소 阿里巴巴보다 비쌈)

③ 百度 Bǎidù 인터넷 포털사이트에서 현재는 인공지능 자율주행 사업까지 확장하여 운영

④ 滴滴出行 Dīdīchūxíng 차량공유서비스로 미국 뉴욕증시에 상장하였으나 데이터 보안 위험 방지, 국가 보안 유지 및 공익 보호를 위해 중국 사이버 보안실에서 "滴

滴出行"에 대해 "네트워크 사이버 보안감사"를 통보하면서 주가에 큰 타격을 받음

⑤ **腾讯** Téngxùn 인터넷서비스 회사로 게임산업에 투자하는 기업

글자를 대신하여 간결히 사용하는 인터넷 관련용어

복잡한 한자를 대신하여 숫자나 알파벳 등을 이용하여 문장을 대체하기도 함

대표표현	간화자	한어병음	의미
530	我想你	wǔ sān líng	보고싶어
520	我爱你	wǔ èr líng	사랑해
555	呜呜呜	wū wū wū	엉엉엉
88	拜拜	bàibai	잘 가
SG	帅哥	shuàigē	미남

연습 문제

1. 다음 중 감사의 의미를 나타내는 문장은?

   ① 谢谢   ② 对不起   ③ 我想你   ④ 不客气   ⑤ 没关系

2. 다음 문장의 주제로 알맞은 것은?

   > Duìbuqǐ, wǒ lái wǎn le. (对不起, 我来晚了。)

   ① 감사   ② 칭찬   ③ 사과   ④ 소개   ⑤ 안부

3. 빈칸에 들어갈 알맞은 대답은?

   > A : Xièxie!   B :

4. 다음 중 '보고 싶어'의 뜻으로 사용할 수 있는 표현은?

   ① 88   ② 520   ③ 530   ④ 555   ⑤ SG

5. 밑줄 친 부분과 성조 배열이 같은 것을 〈보기〉에서 고른 것은?

   > 这不是你的**书**吗?

   > 보기   a.那   b.这   c.是   d.的   e.帅哥

   ① a   ② b   ③ c   ④ d   ⑤ e

6. 주어진 우리말을 한어병음으로 바르게 옮긴 것은?

> 미안합니다.

① wǒ de　　　　　② duìbuqǐ　　　　　③ xièxie

④ méi guānxi　　　⑤ shuàigē

7. 다음 문장의 괄호 안에 들어갈 알맞은 단어는?

> Nǐ shì xuésheng (　　) ?　　　당신은 학생입니까?

① ma　　② bù　　③ shì　　④ zhè　　⑤ xiè

정답

1. ①

[피드백] ① 谢谢 xièxie 고맙습니다　② 对不起 Duìbuqǐ 미안합니다
③ 我想你 Wǒ xiǎng nǐ 보고싶어
④ 不客气 Bú kèqi 천만에　⑤ 没关系 Méi guānxi 괜찮아

2. ③

[피드백] 다음의 문장은 늦게 와서 미안하다고 사과하는 문장이다.

[해석] '미안해, 내가 늦었어.'

3. Bú kèqi!

[피드백] 제시된 A의 문장은 '고맙다'의 표현으로 이에 대한 대답으로는 '천만에'라는 'Bú kèqi'를 넣어야 한다.

4. ③

[피드백]

대표표현	간화자	한어병음	의미	대표표현	간화자	한어병음	의미
530	我想你	wǔ sān líng	보고싶어	88	拜拜	bàibai	잘 가
520	我爱你	wǔ èr líng	사랑해	SG	帅哥	shuàigē	미남
555	呜呜呜	wǔ wǔ wǔ	엉엉엉				

5. ⑤

[피드백] '书 shū와 같은 성조는 ⑤번의 '帅哥 shuàigē'이다. 따라서 정답은 ⑤번이다.

6. ②

[피드백] 사과의 의미를 나타낼 때는 'duìbuqǐ'의 표현을 사용한다.
① wǒ de 나의 것　② duìbuqǐ 미안합니다
③ xièxie 감사합니다　④ méi guānxi 괜찮습니다
⑤ shuàigē 핸섬가이

7. ①

[피드백] '吗 ma'는 일반 평서형의 문장을 의문문으로 바꾸고자 할 때 사용하는 의문조사로 문장의 가장 마지막에 사용되는 단어이다.

쉐도잉 연습

함께 읽어보도록 합시다.	
Xièxie! 谢谢!	감사합니다!
Bú kèqi! 不客气!	천만에요!
Duìbuqǐ! 对不起!	미안합니다!
Méi guānxi! 没关系!	괜찮습니다!
Zhè shì wǒ de. 这是我的。	이것은 내 거야.

중국인처럼 말해 보아요!

(1) Méiyǒu shénme bù kěnéng.

没有什么不可能。

불가능이란 없다.

(2) Shénme yìsi?

什么意思?

무슨 의미야?

1 중국어로 감사의 표현을 할 때는? Xièxie 谢谢

2 중국어로 사과의 표현을 할 때는? Duìbuqǐ 对不起

3 **是** shì : '是(shì)'는 문장에서 술어로 사용되는 것으로 주로 긍정, 판단, 사물 설명 등을 나타낼 때 사용하며 '~이다'의 뜻, 대답할 때 '네'라는 뜻으로도 사용

4 **不** bù : 문장에서 부정문을 만들 때 사용되는 부정부사로 위치는 술어 앞에 사용. 술어 뒤에 사용하지 않음

5 **吗** ma : 일반 평서형의 문장을 의문문으로 바꾸고자 할 때 사용하는 의문조사로 문장의 가장 마지막에 쓰임

6 **的** de : 구조를 연결하는 구조조사로 [소유], [관계], [소속] 등을 나타낼 때 사용되며 명사와 명사 사이를 연결해주는 개념으로 의미는 '~의' 뜻으로 해석. 이 외에도 문장 끝에 의존명사로 사용되어 '~것'으로도 사용

기초 중국어 회화

국적 및 이름묻기

您是哪国人? Nín shì nǎ guó rén?
당신은 어느 나라 사람입니까?

你叫什么名字? Nǐ jiào shénme míngzi?
당신의 이름은 무엇입니까?

이번 시간 학습할 핵심단어

단어	뜻
guó 国 구오어	명 나라
rén 人 르언	명 사람
jiào 叫 찌아오	동 (이름을) ~라 부르다
shénme 什么 셔언 머어	대 무엇, 무슨
míngzi 名字 미잉 즈으	명 이름
nǎ 哪 나아	대 어느
Zhōngguó 中国 쭈웅 구어	명 중국
Hánguó 韩国 하안 구어	명 한국
Rìběn 日本 르으 버언	명 일본
Déguó 德国 드어 구어	명 독일
Fǎguó 法国 파아 구어	명 프랑스
Jiānádà 加拿大 찌아 나아 따아	명 캐나다

Nín hǎo! wǒ jiào Shèngxùn, shì Hánguórén.

您好! 我叫圣训，是韩国人。

니인 하오! 워어 찌아오 셔엉 쒸인, 쓰으 하안 구어 르언.

Nǐ hǎo! wǒ jiào Wáng Jiàn.

你好! 我叫王键。

니이 하오! 워어 찌아오 와앙 찌엔.

Nín shì nǎ guó rén? Nín shì Rìběnrén ma?

您是哪国人? 您是日本人吗?

니인 쓰으 나아 구어 르언? 니인 쓰으 르으 버언 르언 마아?

Bù, wǒ shì Zhōngguórén.

不，我是中国人。

뿌우, 워어 쓰으 쭈웅 구어 르언.

Nǐ jiào shénme míngzi?

你叫什么名字?

니이 찌아오 셔언 머어 미잉 즈으?

Wǒ jiào Zhāo Péng, wǒ yě shì Zhōngguórén.

我叫赵朋，我也是中国人。

워어 찌아오 짜오 퍼엉, 워어 예에 쓰으 쭈웅 구어 르언.

A 안녕하세요! 저는 성훈이라고 합니다. 한국인입니다.

B 안녕하세요! 저는 왕찌엔(왕건)입니다.

A 당신은 어느 나라 사람인가요? 당신은 일본인인가요?

B 아니요, 저는 중국인입니다.

A 당신의 이름은 무엇인가요?

C 저는 짜오펑(조붕)입니다. 저 역시 중국인입니다.

Wǒ shì Hánguórén. Wǒ jiào Shèngxùn. Tā jiào Wáng Jiàn, shì Zhōngguórén.

我是韩国人。我叫圣训。他叫王键，是中国人。

워어 쓰으 하안 구어 르언. 워어 찌아오 셩쒼인. 타아 찌아오 와앙 찌엔, 쓰으 쭈웅 구어 르언.

Tā jiào Zhāo Péng, yě shì Zhōngguórén. Tāmen búshì xuésheng, tāmen dōu shì lǎoshī.

他叫赵朋，也是中国人。他们不是学生，他们都是老师。

타아 찌아오 짜오 퍼엉, 예에 쓰으 쭈웅 구어 르언. 타아 머언 뿌우 쓰으 쉐에 셩, 타아 머언 또우 쓰으 라오 쓰으.

저는 한국인이고 이름은 성훈입니다. 그는 왕찌엔(왕건)이라고 하고, 중국인입니다. 그는 짜오펑(조붕)이라고 하며 역시 중국인입니다. 그들은 학생이 아니며, 모두 선생님입니다.

이것만은 꼭 알아두자

01 您 nín

손 위의 사람을 높여 부를 때 사용하는 2인칭 인칭대명사로 복수형 '您们(nínmen)'은 사용하지 않는다.

02 叫 jiào   ~라 부르다

'叫(jiào)'는 사람의 이름을 부를 때 '~라 부르다'의 뜻으로 수식하려는 명사 앞에 사용한다.

jiào + 명사　~라고 부르다(하다)

- Wǒ jiào Jīn Mínhào.　　　　　저는 김민호라고 합니다.
- Tā jiào Wáng Péng.　　　　　그는 왕펑이라고 해요.

03 什么 shénme   무엇, 무슨

의문대명사로 '무엇, 무슨'의 의미이다. 주로 대상을 물어볼 때 사용하는 표현법으로 의문조사 '吗(ma)'를 중복으로 붙이지 않고 의문형의 문장으로 만들어진다.

- 당신은 무엇을 보나요?　　　　Nǐ kàn shénme? 你看什么? (O)

　　　　　　　　　　　　　　　Nǐ kàn shénme ma? 你看什么吗? (X)

- 당신의 이름은 무엇인가요?　　Nǐ jiào shénme míngzi? 你叫什么名字?

> 의문조사 '吗(ma)'를 사용할 때는 문장에 대한 대답으로 주로 是(Shì)를 사용하지만, '什么
> (shénme)'는 물어보는 대상에 대한 대답을 확인한다.

- 당신은 영화를 보나요?　　　　Nǐ kàn diànyǐng ma? 你看电影吗?
  네　　　　　　　　　　　　　Shì. 是。
- 당신은 무엇을 보나요?　　　　Nǐ kàn shénme? 你看什么?
  저는 드라마를 봅니다.　　　　Wǒ kàn diànshìjù. 我看电视剧。

04 哪 nǎ　　　　　　　　　　　　　　　　　어떤, 어느

'어떤, 어느'라는 뜻으로 국적을 물을 때 사용할 수 있다.

- Nǐ shì nǎ guó rén? 你是哪国人?　　당신은 어느 나라 사람인가요?
  Wǒ shì Hánguórén. 我是韩国人。　　저는 한국인입니다.

05 여러 나라의 국가명　　　　　　　　　　　　　　　국가명

- Zhōngguó　中国　중국
- Rìběn　　　日本　일본
- Fǎguó　　　法国　프랑스
- Hánguó　韩国　한국
- Déguó　　德国　독일
- Jiānádà　加拿大 캐나다

06 您贵姓 Nín guì xìng　　　　　　　　　이름을 묻는 표현

'당신의 존함이 어떻게 되십니까?' 라는 뜻으로 '당신의 귀한 성은 무엇인가요?' 가 본래
의 의미로 손 위의 사람들의 이름을 물어볼 때 사용할 수 있는 표현이다.

guì 贵　'귀하다'의 뜻으로 '什么(shénme)'를 대신해서 사용

- xìng 姓　　성씨

신분증 : 身份证 (shēnfènzhèng)

중국의 신분증은 모두 18개의 숫자(우리나라의 신분증 13자리)로 우리보다 5개의 숫자가 더 많음

① 앞자리 6개는 지역을 나타냄 (1~2자리 : 소재지 성의 식별번호, 3~4자리 : 소재시 시(자치주)의 식별번호, 5~6자리 : 소재지구(현급시)의 식별번호)

② 7 ~ 14번 자리 : 8개의 숫자는 출생년도를 나타낸다. (○○○○○○19800823○○○○)

③ 15 ~ 17번 자리 : 3개 숫자는 순서번호 (15, 16번 숫자는 신고 당시의 일렬번호이고, 17번 숫자는 홀수는 남자, 짝수는 여자, 2000년 이후 출생한 남자는 3, 여자는 4를 부여)

④ 18번 자리 : 주민번호와 같은 일종의 검증 번호 (1~17자리의 숫자를 각각 다른 계수를 곱하여 얻은 결과를 서로 합한 후 다시 11을 뺀 후 나머지 숫자가 18자리의 숫자, 나올 수 있는 나머지 숫자는 0부터 10가지, 11가지 숫자 중에서 한 가지만 나오게 되어 있는데 그 결과를 18번째 자리수로 사용하는 것이 아니라 아래의 숫자로 또 다시 대처하여 최종 결정을 하게 됨)

결과	0	1	2	3	4	5	6	7	8	9	10
대체 숫자	1	0	×	9	8	7	6	5	4	3	2

⑤ 자치구에서 발행한 신분증에는 자치구의 고유 언어도 함께 병기됨

특별한 호적제도

① **农民工** nóngmíngōng (농민공) : '농촌 출신 저임금 도시 노동자'를 뜻하는 용어로 도시에서 거주하고 있지만, 교육과 의료 등 기본적인 공공 서비스로부터 소외

② **戶口** : 신분과 거주지를 증명하는 제도이지만 1958년 毛泽东(MáoZédōng)이 '호적 등록조례'를 통해 '농업 가정 호적'과 '비농업 가정 호적'으로 구분, 이후 농촌 인구의 도시 유입을 매우 어렵게 만들었음.

베이징의 경우 베이징 소재의 기업에 취직, 기업의 간부, 해외 유학 이후 베이징 기업에 취업하는 경우에는 호적을 옮길 수 있도록 조치함

연습 문제

1. 다음 중 괄호 안에 들어갈 알맞은 단어는?

> 당신의 이름은 무엇입니까?
> 你 ( ) 什么名字?

① 是　　　② 叫　　　③ 个　　　④ 贵　　　⑤ 姓

2. 중국어 단어의 국가명과 해석이 틀린 것은?

① 中国 Zhōngguó 중국　　② 韩国 Hánguó 한국
③ 日本 Rìběn 일본　　④ 德国 Déguó 브라질
⑤ 法国 Fǎguó 프랑스

3. 주어진 문장의 뜻을 완성하기 위해 필요한 낱말이 아닌 것은?

> 당신의 귀한 존함은 어떻게 되십니까?

① 贵　　　② guì　　　③ 您　　　④ xìng　　　⑤ nǎ

4. 밑줄 친 부분과 성조 배열이 같은 것을 〈보기〉에서 고른 것은?

> 你叫什么**名字**?

보기　　a. 韩国　　b. 哪国　　c. 高兴　　d. 朋友　　e. 姐姐

① a　　　② b　　　③ c　　　④ d　　　⑤ e

5. 두 장의 카드를 조합하여 만들 수 있는 단어의 뜻으로 알맞은 것은?

么   加   什   是   拿

① 무엇   ② 한국   ③ 일본   ④ 독일   ⑤ 캐나다

6. 주어진 우리말에 맞게 단어를 배열한 것을 고르시오.

> ㄱ. 哪   ㄴ. 国   ㄷ. 是   ㄹ. 您   ㅁ. 人
> 당신은 어느 나라 사람입니까?

① ㄱ-ㄷ-ㄴ-ㄹ-ㅁ

② ㄱ-ㄹ-ㄷ-ㄴ-ㅁ

③ ㄷ-ㄱ-ㄴ-ㄹ-ㅁ

④ ㄷ-ㄴ-ㄱ-ㄹ-ㅁ

⑤ ㄹ-ㄷ-ㄱ-ㄴ-ㅁ

7. 주어진 한어병음을 결합하여 만들어질 수 있는 국가의 단어는?

> ná j iā dà

① 한국   ② 일본   ③ 중국   ④ 독일   ⑤ 캐나다

정답

1. ②

   피드백 | 이름을 물을 때 사용할 수 있는 문장으로 괄호 안에 들어갈 알맞은 단어는 '叫(jiào)'이다. 따라서 정답은 ②번이다.

2. ④

   피드백 | ④번의 브라질은 중국어로 '巴西(Bāxī)'이다. 제시된 ④번의 '德国(Déguó)'는 독일이다.

3. ⑤

   피드백 | 제시된 문장의 중국어는 '您贵姓(Nín guì xìng)'으로 이에 해당되지 않는 단어는 ⑤번(nǎ : 어느)이다.

4. ④

   피드백 | 제시된 '名字'는 각 음절의 성조 합이 '2(míngzi)'이다. 이중 ④번 'péngyou'의 각 음절의 합이 2이기 때문에 정답은 ④번이다.

5. ①

   피드백 | 제시된 단어로 만들 수 있는 단어는 '什么(무엇)'이다. 따라서 정답은 ①번이다.

6. ⑤

   피드백 | '당신은 어느 나라 사람입니까?'의 중국어 문장은 '您是哪国人?(Nín shì nǎ guó rén?)'이다. 따라서 올바르게 연결된 것은 ⑤번이다.

7. ⑤

   피드백 | 제시된 한어병음을 순서대로 연결하면 '加拿大(Jiānádà)'의 '캐나다' 국가명 단어가 만들어진다. 보기에 제시된 'j'는 소문자이지만 나라명으로 기재할 때는 첫 글자를 대문자 'J'로 바꾸어 표기해야 한다.

쉐도잉 연습

함께 읽어보도록 합시다.	
Wǒ jiào Shèngxùn, shì Hánguórén. 我叫圣训, 是韩国人。	저는 성훈이라고 하며 한국인입니다.
Nǐ jiào shénme míngzi? 你叫什么名字?	당신의 이름은 무엇입니까?
Nín guì xìng? 您贵姓?	당신의 존함은 어떻게 되십니까?
Nǐ shì nǎ guó rén? 你是哪国人?	당신은 어느 나라 사람인가요?

중국인처럼 말해 보아요!

(1) Wǒ jiā nǐ ge wēixìn.　　　　**我加你个微信。**

웨이신으로 친구 추가할게요.

(2) Wǒ mǎshàng guòlái.　　　　**我马上过来。**

바로 갈게요.

1 您 nín : 손 위의 사람을 높여 부를 때 사용하는 2인칭 인칭대명사

2 叫 jiào : '叫(jiào)'는 사람의 이름을 부를 때 '~라 부르다'의 뜻으로 수식하려는 명사 앞에 사용

3 什么 shénme : 의문대명사로 '무엇, 무슨'의 의미이다. 주로 대상을 물어볼 때 사용하는 표현법

4 哪 nǎ : '어떤, 어느'라는 뜻으로 국적을 물을 때는 '你是哪国人?(Nǐ shì nǎ guó rén?)'으로 사용할 수 있다.

5 여러 나라의 국가명

中国 Zhōngguó	중국
韩国 Hánguó	한국
日本 Rìběn	일본
德国 Déguó	독일
法国 Fǎguó	프랑스
加拿大 Jiānádà	캐나다

가족 및
나이 묻기

你家有几口人? Nǐ jiā yǒu jǐ kǒu rén ?
너의 가족은 몇 명이니?

她今年多大? Tā jīnnián duō dà?
그녀는 올해 몇 살이야?

단어	뜻
jiā 家 찌아	명 집
yǒu 有 요우	동 가지고 있다, 소유하다
quánjiāfú 全家福 췌엔 찌아 푸우	명 가족사진
piàoliang 漂亮 피아오 리앙	형 예쁘다
jǐ 几 지이	수 몇
kǒu 口 코우	양 식구를 셀 때 쓰임
duō 多 뚜오	형 많다, 얼마나 ~하다
dà 大 따아	형 크다, 나이가 많다
suì 岁 쑤에이	양 세, 살 (나이를 세는 단위)
shéi 谁 셰이	대 누구
jīnnián 今年 찌인 니엔	명 올해
hé 和 흐어	접 ~와
zài 在 짜이	개 ~에서
yīyuàn 医院 이 웨엔	명 병원
zuò 做 쭈오	동 하다, 일하다
gōngzuò 工作 꼬옹 쭈오	명 일 동 일하다
dàifu 大夫 따이 푸우	명 의사

Shèngxùn, zhè shì shénme?

圣训，这是什么?

셔엉 쒸인, 쩌어 쓰으 셔언 머어?

Zhè shì wǒ jiā de quánjiāfú.

这是我家的全家福。

쩌어 쓰으 워어 찌아 드어 췌엔 찌아 푸우.

Nǐ jiā yǒu jǐ kǒu rén?

你家有几口人?

니이 찌아 요우 지이 코우 르언?

Wǒ jiā yǒu wǔ kǒu rén. nǎinai, bàba, māma, jiějie hé wǒ.

我家有五口人。奶奶，爸爸，妈妈，姐姐和我。

워어 찌아 요우 우 코우 르언, 나이 나이, 빠아 빠아, 마아 마아, 지에 지에 흐어 워어.

Tā shì shéi? Tā hěn piàoliang.

她是谁? 她很漂亮。

타아 쓰으 셰이? 타아 흐언 피아오 리앙.

Tā shì wǒ de jiějie.

她是我的姐姐。

타아 쓰으 워어 드어 지에 지에.

Tā jīnnián duō dà?

她今年多大?

타아 찌인 니엔 뚜오 따아?

Tā jīnnián sānshí suì.

她今年30岁。

타아 찌인 니엔 싸안 쓰으 쑤에이.

A 성훈아, 이거 뭐야?

B 이건 우리 가족사진이야.

A 너의 가족은 몇 명이니?

B 5명이야, 할머니, 아빠, 엄마, 누나와 나야.

A 그녀는 누구니? 정말 예쁘다.

B 그녀는 나의 누나야.

A 그녀는 올해 몇 살이야?

B 그녀는 올해 30살이야.

Nǐ hǎo!

你好!

니이 하오!

Zhè shì wǒmen jiā de zhàopiàn. Wǒ jiā yǒu wǔ kǒu rén.

这是我们家的照片。我家有五口人。

쩌어 쓰으 워어 머언 찌아 드어 짜오 피엔. 워어 찌아 요우 우 코우 르언.

nǎinai, bàba, māma, jiějie, hé wǒ. Wǒ méiyǒu dìdi, gēge, yě méiyǒu mèimei.

奶奶，爸爸，妈妈，姐姐， 和我。我没有弟弟，哥哥，也没有妹妹。

나이 나이, 빠아 빠아, 마아 마아, 지에 지에, 흐어 워어. 워어 메이 요우 띠이 띠이, 끄어 끄어, 예에 메이 요우 메이 메이.

Wǒ bàba shì dàifu. tā zài yīyuàn gōngzuò.

我爸爸是大夫，他在医院工作。

워어 빠아 빠아 쓰으 따이 푸우, 타아 짜이 이 웨엔 꼬옹 쭈오.

Nǐ yǒu quán jiā de zhàopiàn ma?

你有全家的照片吗?

니이 요우 췌엔 찌아 드어 짜오 피엔 마아?

안녕!

이것은 우리 가족의 사진이야. 우리 가족은 5명이야.

할머니, 아빠, 엄마, 누나와 내가 있어. 나는 남동생라 형이 없고, 여동생도 없어.

우리 아빠는 의사이고 병원에서 일하고 계셔.

너는 가족사진이 있니?

이것만은 꼭 알아두자

01 这 zhè
이것

가까이 있는 사물이나 사람을 가리킬 때 사용하는 지시대명사로 '이것, 이 사람'의 뜻으로 사용, 영어의 'this'에 해당

이것	저것
这 zhè	**那** nà
这是我的朋友。 Zhè shì wǒ de péngyou. 이 분은 제 친구입니다.	那不是你的。 Nà bú shì nǐ de. 저것은 당신의 것이 아닙니다.

02 几 jǐ
몇

10 미만의 수를 셀 때 사용하는 의문수사, '몇'이라는 의문의 뜻으로 의문조사 '吗(ma)'와 중복으로 사용하지 않는다.

10 이상의 '몇'의 수를 물어볼 때는 '多少(duōshao)'를 사용한다.

几(jǐ)	多少(duōshao)
你家有几口人？ Nǐ jiā yǒu jǐ kǒu rén？ 당신의 가족은 몇 명인가요?	这个多少钱？ Zhè ge duōshao qián？ 이거 얼마인가요?

가족	뜻
爷爷 yéye	할아버지
奶奶 nǎinai	할머니
爸爸 bàba	아빠
妈妈 māma	엄마
哥哥 gēge	형, 오빠
弟弟 dìdi	남동생
姐姐 jiějie	누나, 언니
妹妹 mèimei	여동생

04 谁 shéi   누구

'누구'라는 의미의 의문사로 문장에서 '谁(shéi)'를 명사로 생각하고 넣으면 된다. 영어의 의문사는 문장 맨 앞에 두지만, 중국어의 '谁(shéi)'는 특별한 위치 없이 명사로 인식하고 사용하면 된다.

谁(shéi) 누구세요?
这是谁的? Zhè shì shéi de?　　　　이거 누구의 것인가요?
谁是你的爸爸? Shéi shì nǐ de bàba? 누가 당신의 아빠인가요?

05 很 hěn
매우, 아주, 대단히

'매우', '아주', '대단히' 등의 부사어로 형용사가 가리키는 성질이나 상태의 정도를 나타낼 때 사용한다.

06 今年 jīnnián
올해

'올해'를 나타내는 단어로 관련 단어들은 다음과 같다.

재작년	작년	올해	내년	내후년
前年	**去年**	**今年**	**明年**	**后年**
qiánnián	qùnián	jīnnián	míngnián	hòunián

07 양사
수량을 셀 때

명사의 수량을 셀 때 사용하는 단위로 중국어는 **양사**가 매우 발달되어 있음. 양사의 위치는 수식하려는 명사 앞에 위치한다.

수사 + 양사 + 명사

수사 + 양사 + 명사		
五口人 wǔ kǒu rén 5명의 가족	一个苹果 yí gè píngguǒ 1개의 사과	一本书 yì běn shū 1권의 책
지시대명사 + 양사 + 명사		
这本书 zhè běn shū 이 책		那双鞋 nà shuāng xié 저 신발

남방과 북방

대표지역 扬子江 Yángzǐ Jiāng을 기준으로 위쪽을 북방, 아래쪽을 남방

① **북방지역** : 베이징, 텐진, 하얼빈, 칭다오 등

② **남방지역** : 상하이, 난징, 광저우, 쓰촨 등

남방과 북방의 외모와 성격

① **북방지역** : 성격이 호통하고 대범, 체격이 장대하며 시원하고 활발함

대화할 때 시끄럽고 목소리가 큼

② **남방지역** : 성격이 섬세하고 소극적인 경향이 있음, 북방인에 비해 왜소하고 경제
관념이 투철함

대화할 때 작은 목소리로 논리적으로 말함

남방과 북방의 주식

① 북방지역 : 면과 빵, 만두 종류(춥고 평원이 많아 밀농사를 주로 함)

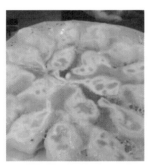 
만두, 빵

춥고 평원이 많아 밀농사를 주로 함

② 남방지역 : 한국과 비슷하게 쌀밥을 주식으로 먹고, 매운 음식을 좋아함, 쓰촨훠궈 등

상하이 매운 바지락 찜

쌀밥과 반찬

남방과 북방의 기후 차이

북방은 건조하고 남방은 습하며, 북방은 춥고 남방은 따뜻

1. 주어진 단어의 발음으로 알맞은 것은?

> 가족사진

① zǎoshang   ② zhàopiàn   ③ quánjiāfú

④ piàoliang   ⑤ míngnián

2. 다음에서 설명하고 있는 단어로 알맞은 것은?

> 10 미만의 수를 셀 때 사용하는 의문수사로 '몇'의 의미

①几   ②多少   ③谁   ④什么   ⑤后年

3. 중국의 북방과 남방에 대한 설명으로 틀린 것은?

① 대표적인 북방지역으로는 상하이, 난징 등이 있다.

② 남방의 식사는 우리나라와 비슷하게 쌀밥을 주식으로 먹는다.

③ 중국의 **扬子江**을 기준으로 위쪽은 북방, 아래쪽은 남방이라 한다.

④ 북방은 건조하고 남방은 습하며 북방은 춥고 남방은 따뜻한 편이다.

⑤ 북방사람들은 성격이 호통하고 대범하며, 체격이 장대하고 남방사람들은 성격이 섬세하고 소극적인 경향이 있지만 경제관념이 투철한 편이다.

4. 보기의 주어진 네 개의 우리말에 해당하는 중국어에 사용된 성조의 합은?
   (1성 : 1, 2성 : 2, 3성 : 3, 4성 : 4, 경성 : 0)

> ㄱ. 크다 ㄴ. 누구 ㄷ. ~에서 ㄹ. 집

① 10   ② 11   ③ 12   ④ 13   ⑤ 14

5. 다음 문장에서 '的'가 들어갈 알맞은 위치는?

> ① 她 ② 是 ③ 我 ④ 姐姐 ⑤ 。
> 그녀는 나의 누나야.

6. 시제(해, 년) 표현의 순서가 과거부터 미래까지 순서대로 이루어진 것은?
    ① 明年 - 去年 - 前年 - 后年 - 今年
    ② 前年 - 明年 - 后年 - 今年 - 去年
    ③ 前年 - 今年 - 后年 - 明年 - 去年
    ④ 前年 - 去年 - 今年 - 明年 - 后年
    ⑤ 前年 - 后年 - 今年 - 明年 - 去年

7. 다음 제시된 문장의 괄호 안에 들어갈 알맞은 단어는?

> Nǐ jiā yǒu ( ) kǒu rén ?
> 당신의 가족은 몇 명인가요?

    ① jǐ   ② zài   ③ běn   ④ shénme   ⑤ duōshao

정답

1. ③

    피드백 가족사진을 뜻하는 단어는 'quánjiāfú'이다. 따라서 정답은 ③번이다.
    ① zǎoshang : 아침   ② zhàopiàn : 사진
    ④ piàoliang : 예쁘다   ⑤ míngnián : 내년

2. ①

    피드백 '几(jǐ)'는 10 미만의 수를 셀 때 사용하는 표현으로 의문조사 '吗(ma)'를 중복해서 사용하지 않고 의문문의 문장을 만든다.

3. ①

    피드백 ①번은 대표적인 남방지역에 대한 설명이다. 대표적인 북방지역은 베이징, 톈진, 하얼빈 등이 있다.

4. ②

    피드백 각 음절의 성조 합을 더하면 11이 된다. 따라서 정답은 ②번이다.
    → 大(dà 4), 谁(shéi 2), 在(zài 4), 家(jiā 1)

5. ④

    피드백 '的(de)'는 '~의' 의미를 갖고 있는 단어로 명사/대명사/형용사/동사 등의 뒤에 사용한다. 제시된 문장에서는 '나의 누나'라고 하고 있기 때문에 '我(wǒ)' 뒤에 사용해야 한다.

6. ④

    피드백 시제의 표현을 순서대로 나타낸 것은 ④번이다.

재작년	작년	올해	내년	내후년
前年 qiánnián	去年 qùnián	今年 jīnnián	明年 míngnián	后年 hòunián

7. ①

    피드백 10 미만의 수를 셀 때 사용하는 의문수사는 'jǐ'이다.
    在(zài) : ~에서   本(běn) : 권, 책을 세는 양사
    什么(shénme) : 무엇, 무슨
    多少(duōshao) : 몇, 10 이상의 수를 셀 때 사용

쉐도잉 연습

함께 읽어보도록 합시다.	
Zhè shì shénme? 这是什么?	이것은 무엇인가요?
Nǐ jiā yǒu jǐ kǒu rén? 你家有几口人?	당신의 가족은 몇 명입니까?
Tā shì shéi? Tā hěn piàoliang. 她是谁? 她很漂亮。	그녀는 누구인가요? 그녀는 너무 예쁩니다.
Tā shì wǒ de jiějie. 她是我的姐姐。	그녀는 저의 누나입니다.
Wǒ jīnnián sānshí suì. 我今年30岁。	저는 올해 30살입니다.

중국인처럼 말해 보아요!

(1) Nǐ tīng qīngchu le ba!

你听清楚了吧!

너 잘 들었지!

(2) Nǐ bú yòng dānxīn.

你不用担心。

걱정할 필요 없어.

1 这 zhè : 가까이 있는 사물이나 사람을 가리킬 때 사용하는 지시대명사로 '이것, 이 사람'의 뜻으로 사용, 영어의 'this'에 해당

2 几 jǐ : 10 미만의 수를 셀 때 사용하는 의문수사로 '몇'이라는 의문의 뜻으로 사용되며, 의문조사 '吗 ma'와 중복으로 사용하지 않는다.
   ※ 10 이상의 '몇'의 수를 물어볼 때는 '多少 duōshao'를 사용

3 谁 shéi : '누구'라는 의미의 의문사로 문장에서 '谁 shéi'를 명사로 생각하고 넣으면 된다. 영어의 의문사는 문장 맨 앞에 두지만, 중국어의 '谁 shéi'는 특별한 위치 없이 명사로 인식하고 사용하면 된다.

4 很 hěn : '매우, 아주', '대단히' 등의 부사어로 형용사가 가리키는 성질이나 상태의 정도를 나타낼 때 사용한다.

5 今年 jīnnián : '올해'를 나타내는 단어로 관련 단어들은 다음과 같다.

재작년	작년	올해	내년	내후년
前年 qiánnián	去年 qùnián	今年 jīnnián	明年 míngnián	后年 hòunián

기초 중국어 회화

날짜

今天几月几号? Jīntiān jǐ yuè jǐ hào?

오늘은 몇 월 며칠입니까?

단어	뜻
jīntiān 今天 찌인 티엔	명 오늘
shēngrì 生日 셔엉 르으	명 생일
ba 吧 바아	조 (문장 끝에 쓰여) 추측의 어기
zhù 祝 쭈우	동 축복하다
kuàilè 快乐 콰이 르어	형 즐겁다, 유쾌하다
zhīdào 知道 쯔으 따오	동 알다, 이해하다
lǐwù 礼物 리이 우	명 선물
duì 对 뚜에이	형 맞다, 옳다
cídiǎn 词典 츠으 띠엔	명 사전
yuè 月 웨에	명 월
hào / rì 号 / 日 하오 / 르으	명 일
jiù 就 찌오우	부 바로(강조)
xīngqī 星期 씨잉 치이	명 요일
méicuò 没错 메이 추오	자 맞다, 틀림 없다
nàtiān 那天 나아 티이엔	명 그날
qǐngkè 请客 치잉 크어	동 한턱내다

Shèngxùn, jīntiān shì bā yuè èrshí sān hào, shì nǐ de shēngrì ma?

圣训，今天是8月23号，是你的生日吗?

셔엉 쒸인, 찌인 티엔 쓰으 빠아 웨에 어얼 쓰으 싸안 하오, 쓰으 니이 드어 셔엉 르으 마아?

Nǐ zěnme zhīdào wǒ de shēngrì? zhè shì wǒ de shēngrì lǐwù ma?

你怎么知道我的生日? 这是我的生日礼物吗?

니이 져언 머어 쯔으 따오 워어 드어 셔엉 르으? 쪄어 쓰으 워어 드어 셔엉 르으 리이 우 마아?

Duì, zhù nǐ shēngrì kuàilè!

对，祝你生日快乐!

뚜에이, 쭈우 니이 셔엉 르으 콰이 르어!

Zhè shì shénme?

这是什么?

쪄어 쓰으 셔언 머어?

Yìběn zhōngwén cídiǎn.

一本中文词典。

이 버언 쭈웅 워언 츠으 띠엔.

Xià xīngqīyī jiùshì nǐ de shēngrì, duì ma?

下星期一就是你的生日，对吗?

씨아 씨잉 치이 이 찌오우 쓰으 니이 드어 셔엉 르으, 뚜에이 마아?

Méicuò, bā yuè sānshí hào shì wǒ de shēngrì.

没错，8月30号是我的生日。

메이 추오, 빠아 웨에 싸안 쓰으 하오 쓰으 워어 드어 셔엉 르으.

Nàtiān wǒ qǐngkè ba.

那天我请客吧。

나아 티이엔 워어 치잉 크어 바아.

A 성훈, 오늘이 8월 23일인데, 너의 생일 아니니?

B 너 어떻게 내 생일을 알았어? 이건 내 생일선물이야?

A 맞아, 생일 축하해!

B 이건 뭐야?

A 한 권의 중국어 사전이야.

B 다음주 월요일이 바로 너의 생일이지? 맞지?

A 맞아, 8월 30일이 내 생일이야.

B 그날에는 내가 한턱 쏠게

Bā yuè èrshí sān hào　　　xīngqīyī

八月二十三号　　　星期一

빠아 웨에 어얼 쓰으 싸안 하오　씨잉 치이 이

Jīntiān shì wǒ de shēngrì. Péngyoumen dōu zhù wǒ shēngrì kuàilè.

今天是我的生日。朋友们都祝我生日快乐。

찌인 티엔 쓰으 워어 드어 셔엉 르으. 퍼엉 요우 머언 또우 쭈우 워어 셔엉 르으
콰이 르어.

Xīlíng sòng wǒ yìběn zhōngwén cídiǎn. Wǒ jīntiān qǐngkè le, Wǒ hěn gāoxìng.

稀玲送我一本中文词典。我今天请客了，我很高兴。

씨이 리잉 쏘옹 워어 이 버언 쭈웅 워언 츠으 띠엔. 워어 찌인 티엔 치잉 크어 르어,
워어 흐언 까오 씨잉.

8월 23일 월요일

오늘은 나의 생일이다. 친구들은 모두 나의 생일을 축하해주었다.

씨링(희령)은 나에게 중국어 사전을 한 권 선물해 주었다.

나는 오늘 식사를 대접했고, 너무 행복했다.

이것만은 꼭 알아두자

01 今天 jīntiān

오늘

'오늘'을 나타내는 단어로 관련 시제 표현들은 다음과 같다.

8号	9号	10号	11号	12号
qiántiān **前天** 그제	zuótiān **昨天** 어제	jīntiān **今天** 오늘	míngtiān **明天** 내일	hòutiān **后天** 모레

- Jīntiān shì bā yuè shí hào.   **今天是八月十号。**

오늘은 8월 10일입니다.

02 月 yuè 와 号 hào

월 · 일

월, 일에 해당하는 표현으로 号(hào)는 서면어로 日(rì)로도 사용한다.

- Jīntiān jǐ yuè jǐ hào?   **今天几月几号?**

오늘은 몇 월 며칠입니까?

03 怎么 zěnme

어떻게

'어떻게'라는 의문사로 중국어의 육하원칙에 해당하는 의문사들을 정리하면 다음과 같다.

谁 shéi	누가	**什么** shénme	무엇을
什么时候 shénme shíhou	언제	**怎么** zěnme	어떻게
在哪儿 zài nǎr	어디에서	**为什么** wèishénme	왜

04 对 duì
네

대답할 때 '네'라는 뜻의 단어로 '아니오'라고 할 때는 부정부사 '不(bù)'를 사용하여 '不对(búduì)'라고 하면 된다.
또한 '맞아?'라고 물어볼 때는 의문조사 '吗(ma)'를 넣어 '对吗(duìma)', 혹은 '긍정+부정'의 형태인 '对不对(duì bu duì)'로 물어보면 된다.

05 本 běn
권(책을 세는 양사)

책을 셀 때 사용하는 양사로 '권'에 해당한다.

个 gè 개	일반적으로 사람이나 사물 모두 사용 가능	
张 zhāng 장	纸 zhǐ 종이, 床 chuáng 침대, 照片 zhàopiàn 사진	
条 tiáo 줄기	河 hé 강, 裙子 qúnzi 치마, 裤子 kùzi 바지	
支 zhī 자루	铅笔 qiānbǐ 연필, 笛子 dízi 피리, 枪 qiāng 총	

06 星期 xīngqī
요일

'요일'을 뜻하는 단어로 중국어는 '星期(xīngqī)'라는 단어 뒤에 1부터 6까지를 넣어 '월요일 ~ 토요일'을 표현한다. 일요일의 경우 '星期七(xīngqīqī)'를 사용하지 않고 '星期天(xīngqītiān)'을 사용한다.

월요일	화요일	수요일	목요일	금요일	토요일	일요일
xīngqīyī	xīngqī'èr	xīngqīsān	xīngqīsì	xīngqīwǔ	xīngqīliù	xīngqītiān
星期一	星期二	星期三	星期四	星期五	星期六	星期天

※ 참고로 과거, 현재, 미래의 요일들을 표현할 때는 다음과 같다.

지난 주	이번 주	다음 주
shàng ge	zhè ge	xià ge
上个	这个	下个

- shàng (ge) xīngqīyī　　　　**上(个)星期一**
  지난 주 월요일
- zhè (ge) xīngqī'èr　　　　**这(个)星期二**
  이번 주 화요일
- xià (ge) xīngqīsān　　　　**下(个)星期三**
  다음 주 수요일

07 就 jiù   바로, 즉

강조의 의미를 나타내는 부사로 '바로, 즉'의 표현으로 사용

- Tā jiù shì wǒ de nán péngyou.　　**他就是我的男朋友。**
  그가 바로 나의 남자친구야.
- Zhè jiù shì tā de mìmǎ.　　**这就是他的密码。**
  이게 바로 그의 비밀번호야.

08 没错 méicuò

'틀리지 않다'라는 의미로 '对(duì)'와 같은 의미로 사용되며, 중국에서는 '对(duì)'보다 더 보편적으로 사용되는 편이다.

09 吧 ba

문장의 끝에 사용되어 1) 청유, 제의 2) 추측의 어기를 나타냄

해음(谐音)현상

어떤 한 단어가 음이 같거나 비슷하여 다른 단어의 이미지를 연상하게 되는 현상

1) 중국인이 선호하는 숫자

중국인들이 가장 선호하는 숫자로는 '6, 8, 9'가 있는데, 이는 모두 발음에서 비롯되었다.

① 6 : 6은 흐르는 물처럼 순조롭다는 뜻의 '流(liú)'와 발음이 비슷하여 선호

② 8 : 8은 '돈을 벌다'를 뜻하는 '发财(fācái)'의 'fā'와 발음이 비슷하여 중국인들이 가장 좋아하는 숫자, 자동차 번호판이나 핸드폰 번호에 8이 들어간 경우는 금액이 비싸며, 2008년 베이징 올림픽도 2008년 8월 8일 8시 8분에 개막식을 진행

③ 9 : 9는 '오래되다'라는 뜻의 '久(jiǔ)'와 발음이 같으며 복과 장수를 상징하기에 중국인들이 선호하는 숫자이다.

2) 중국인이 기피하는 숫자

중국인들이 기피하는 숫자는 '3, 4, 7'이 있다.

① 3 : 3은 '흩어지다'라는 뜻의 '散(sàn)'과 발음이 비슷하여 3을 '헤어지다'의 뜻으로 생각하며 선호하지 않는 숫자로 인식

② 4 : 4는 '죽음'을 뜻하는 '死(sǐ)'와 발음이 비슷하여 4를 죽음과 관련된 숫자라고 생각

③ 7 : 7은 '화내다'를 뜻하는 '生气(shēngqì)'와 발음이 비슷하여 중국인들이 선호하지 않는 숫자 중 하나

쉐도잉 연습

함께 읽어보도록 합시다.	
Jīntiān bú shì nǐ de shēngrì ma? 今天不是你的生日吗?	오늘 네 생일 아니니?
Zhè shì wǒ de shēngrì lǐwù ma? 这是我的生日礼物吗?	이건 내 생일선물이야?
Zhù nǐ shēngrì kuàilè! 祝你生日快乐!	생일 축하해!
Zhè shì shénme? 这是什么?	이건 뭐야?
Nàtiān wǒ qǐngkè ba. 那天我请客吧。	그날에는 내가 한턱 쏠게.

중국인처럼 말해 보아요!

(1) Yuánlái shì zhèyàng.

原来是这样。

그렇게 된 거군요.

(2) Wǒ bú huì fàngqì nǐ.

我不会放弃你。

나는 널 포기하지 않을거야.

〈O/× 퀴즈 및 객관식문제〉

1. 요일을 나타내는 단어의 한어병음은 'xīngqī'이다. (O/×)

정답: _____

2. '다음 주 수요일'이라는 표현을 사용할 때 '다음 주'의 중국어는 'shàng ge 上个'이다. (O/×)

정답: _____

3. '对'는 '맞다'의 뜻을 갖고 있는 단어로 이와 같은 의미의 단어로는 '没错'가 있다. (O/×)

정답: _____

4. 주어진 우리말에 맞게 단어를 배열한 것을 고르시오.

> ㄱ. 怎么　ㄴ. 知道　ㄷ. 你　ㄹ. 我的生日
> 너 어떻게 내 생일을 알았어?

① ㄱ - ㄷ - ㄴ - ㄹ　　　② ㄱ - ㄹ - ㄷ - ㄴ　　　③ ㄷ - ㄱ - ㄴ - ㄹ

④ ㄷ - ㄴ - ㄱ - ㄹ　　　⑤ ㄹ - ㄷ - ㄱ - ㄴ

5. 괄호 안에 들어갈 알맞은 양사는?

> 一 (　) 中文词典 。
> 한 권의 중국어 사전이야.

① 支　　　② 条　　　③ 本　　　④ 个　　　⑤ 张

6. 빈 칸에 들어갈 알맞은 중국어를 고르시오.

> 今天是8月23号, ( ) 你的生日吗?
> 오늘은 8월 23일인데, 너의 생일 아니니?

① 没　　　② 还是　　　③ 都是　　　④ 也是　　　⑤ 不是

7. 주어진 문장의 올바른 한어병음은?

> 이건 뭐야?
> (   )

① Shēngrì kuàilè

② Zhè shì shénme

③ Nàtiān wǒ qǐngkè ba

④ Bā yuè èrshí sān hào

⑤ Nǐ zěnme zhīdào wǒ de shēngrì

정답

1. ○

   피드백 요일은 중국어로 '星期(xīngqī)'로 표현한다.

2. ✕

   피드백 '上个(shàng ge)'는 지난주의 단어로, 다음주는 '下个(xià ge)'이다.

3. ○

   피드백 '没错(méicuò)'는 '틀리지 않다'라는 의미로 '对(duì)'와 같은 의미로 사용되며, 중국에서는 '对(duì)'보다 더 보편적으로 사용되는 편이다.

4. ③

   피드백 '너 어떻게 내 생일을 알았어?'의 문장은 '你怎么知道我的生日?(Nǐ zěnme zhīdào wǒ de shēngrì?)'이다. 따라서 순서대로 올바로 된 문장은 ③번이다.

5. ③

   피드백 책을 셀 때 사용하는 양사는 '本(běn)'으로 정답은 ③번이다.
   → 个(gè) : 개, 张(zhāng) : 장, 条(tiáo) : 줄기, 支(zhī) : 자루

6. ⑤

   피드백 '不是 ~ 吗'는 '~가 아닌가요?'의 뜻을 나타내는 표현으로 사용된다.

7. ②

   피드백 '这是什么?'의 문장으로 이는 한어병음으로 'Zhè shì shénme?'로 표현한다.
   ① 生日快乐! (Shēngrì kuàilè!) : 생일 축하해!
   ② 这是什么? (Zhè shì shénme?) : 이건 뭐야?
   ③ 那天我请客吧。(Nàtiān wǒ qǐngkè ba.) : 그날에는 내가 한턱 쏠게.
   ④ 八月二十三号。(Bā yuè èrshí sān hào.) : 8월 23일.
   ⑤ 你怎么知道我的生日? (Nǐ zěnme zhīdào wǒ de shēngrì?)
   : 너 어떻게 내 생일을 알았어?

1. 今天 jīntiān : '오늘'을 나타내는 단어

---

2. 月 yuè와 号 hào : 월, 일에 해당하는 표현으로 号(hào)는 서면어로 日(rì)로도 사용

---

3. 怎么 zěnme : '어떻게'라는 의문사로 중국어의 육하원칙에 해당하는 의문사들을 정리하면 다음과 같다.

谁 shéi	누가	什么 shénme	무엇을
什么时候 shénme shíhou	언제	怎么 zěnme	어떻게
在哪儿 zài nǎr	어디에서	为什么 wèishénme	왜

4. 对 duì : 대답할 때 '네'라는 뜻의 단어로 '아니오'라고 할 때는 부정부사 '不'를 사용하여 '不对(búduì)'라고 하면 된다.

또한 '맞아?'라고 물어볼 때는 의문조사 '吗(ma)'를 넣어 '对吗(duìma)', 혹은 '긍정+부정'의 형태인 '对不对(duì bu duì)'로 물어보면 된다.

5. 대표적인 양사

个 gè 개	일반적으로 사람이나 사물 모두 사용 가능
张 zhāng 장	纸 zhǐ 종이, 床 chuáng 침대, 照片 zhàopiàn 사진
条 tiáo 줄기	河 hé 강, 裙子 qúnzi 치마, 裤子 kùzi 바지
支 zhī 자루	铅笔 qiānbǐ 연필, 笛子 dízi 피리, 枪 qiāng 총
本 běn 권	책을 셀 때 사용하며 '권'으로 해석

6 **星期** xīngqī : '요일'을 뜻하는 단어로 중국어는 '星期(xīngqī)'라는 단어 뒤에 1부터 6까지를 넣어 '월요일 ~ 토요일'을 표현한다. 일요일의 경우 '星期七(xīngqīqī)'를 사용하지 않고 '星期天(xīngqītiān)'을 사용한다.

7 **就** jiù : **강조**의 의미를 나타내는 부사로 '바로, 즉'의 표현으로 사용

8 **没错** méicuò : '틀리지 않다'라는 의미로 '对(duì)'와 같은 의미로 사용되며, 중국에서는 '对(duì)'보다 더 보편적으로 사용되는 편이다.

9 **吧** ba : 문장의 끝에 사용되어 1) **청유, 제의** 2) **추측의 어기**를 나타냄

기초 중국어 회화 11강

약속 정하기 및 장소 묻기

我们在哪儿见? Wǒmen zài nǎr jiàn?
우리 어디에서 만날까요?

我要去图书馆。怎么走?
Wǒ yào qù túshūguǎn. zěnme zǒu?
저는 도서관에 가려고 합니다. 어떻게 가나요?

단어	뜻
wèi 喂 웨이	감 여보세요
shíjiān 时间 쓰으 찌엔	명 시간
dāngrán 当然 따앙 라안	형 당연하다. 부 당연히, 물론
tīngshuō 听说 티잉 슈오	동 듣는 바로는
jiànmiàn 见面 찌엔 미엔	동 만나다. 대면하다
qǐngwèn 请问 치잉 워언	실례합니다
mílù 迷路 미이 루우	동 길을 잃다
yào 要 이야오	동 ~하려고 하다
túshūguǎn 图书馆 투우 슈우 과안	명 도서관

Wèi, Liúmǐn, wǒ shì Shèngxùn. míngtiān nǐ yǒu shíjiān ma?

喂! 刘敏，我是圣训。明天你有时间吗?

웨이! 리우 미인, 워어 쓰으 셔엉 쒸인. 미잉 티엔 니이 요우 쓰으 찌엔 마아?

Dāngrán a, nǐ yǒu shénme shìr ma?

当然啊，你有什么事儿吗?

따앙 라안 아, 니이 요우 셔언 머어 쓰으 마아?

Tīngshuō míngtiān shì nǐ de shēngrì. wǒ qǐngkè ba, nà wǒmen zài nǎr jiàn?

听说明天是你的生日。我请客吧，那我们在哪儿见?

티잉 슈오 미잉 티엔 쓰으 니이 드어 셔엉 르으. 워어 치잉 크어 바아, 나아 워어 머언 찌아이 나알 찌엔?

Míngtiān zài xuéxiào túshūguǎn ménkǒu jiànmiàn ba.

明天在学校图书馆门口见面吧。

미잉 티엔 짜이 쉐에 샤오 투우 슈우 과안 머언 코우 찌엔 미엔 바아.

A 여보세요! 리우민(유민)아, 나 성훈이야. 너 내일 시간 있니?

B 당연하지, 무슨 일 있는거니?

A 듣자하니 내일 너 생일이라는데, 내가 밥살게. 그럼 우리 어디에서 만날까?

B 내일 학교 도서관 입구에서 만나자.

단어	뜻
zěnme 怎么 저언 머어	대 어떻게
zǒu 走 조우	동 가다, 걸어가다
bié 别 비에	부 ~하지 마라
dānxīn 担心 따안 씨인	동 걱정하다, 염려하다
gàosù 告诉 까오 수우	동 알리다. 말하다
dìfang 地方 띠이 파앙	명 장소, 곳
duìmiàn 对面 뚜에이 미엔	명 반대편, 맞은편
a 啊 아	어 조 문장의 끝에 쓰여 감탄·찬탄 따위의 어세를 도움
nàme 那么 나아 머어	접 그러면
lí 离 리이	개 ~에서부터
yuǎn 远 위엔	형 (거리가) 멀다
néng 能 느엉	동 ~할 수 있다
dào 到 따오	동 도착하다

Qǐngwèn, wǒ mílù le, wǒ yào qù túshūguǎn. zěnme zǒu?

请问，我迷路了，我要去图书馆。怎么走?

치잉 워언, 워어 미이 루우 르어, 워어 이야오 취이 투우 슈우 관안. 져언 머어 조우?

Bié dānxīn, wǒ gàosù nǐ. túshūguǎn zài dōngbian.

别担心，我告诉你。图书馆在东边。

비이에 따안 씨인, 워어 까오 수우 니이. 투우 슈우 관안 짜이 또옹 삐엔.

Zhè shì shénme dìfang?

这是什么地方?

쩌어 쓰으 셔언 머어 띠이 파앙?

Zhè shì tǐyùguǎn, dōngbian de nà zuò lóu shì túshūguǎn.

这是体育馆，东边的那座楼是图书馆。

쩌어 쓰으 티이 위이 관안, 또옹 삐엔 드어 나아 쭈오 로우 쓰으 투우 슈우 관안.

A! nàme lí zhèr yuǎn ma?

啊! 那么离这儿远吗?

아! 나아 머어 리이 쩌얼 위엔 마아?

Bù yuǎn, Zǒu zhe qù shí fēn zhōng jiù néng dào.

不远，走着去十分钟就能到。

뿌우 위엔, 조우 즈어 취이 쓰으 퍼언 쪼옹 찌오우 느엉 따오.

Hǎode, xièxie měinǚ!

好的，谢谢美女!

하오 드어, 씨에 씨에 메이 뉘이!

Bú kèqi!

不客气!

뿌우 크어 치이!

A 실례합니다. 제가 길을 잃어서 그러는데요, 도서관을 가려면 어떻게 가야 하나요?

B 걱정하지 마세요, 제가 알려드릴게요, 도서관은 동쪽에 있습니다.

A 여기는 어디인가요?

B 여기는 체육관인데요, 동쪽의 저 건물이 도서관입니다.

A 아, 그럼 여기에서 먼가요?

B 멀지 않습니다, 걸어서 10분이면 바로 도착합니다.

A 그렇군요, 감사합니다. 아가씨!

B 천만에요.

Míngtiān shì Liúmǐn de shēngrì, Shèngxùn gěi Liúmǐn dǎ diànhuà le.

明天是刘敏的生日，圣训给刘敏打电话了。

미잉 티엔 쓰으 리우 미인 드어 셩 르으, 셩 쒼인 게이 리우 미인 다아 띠엔 화아 르어.

Liúmǐn hái méi fàng shǔjià, suǒyǐ Liúmǐn xiàkè hòu zài túshūguǎn gēn Shèngxùn jiànmiàn.

刘敏还没放暑假，所以刘敏下课后在图书馆跟圣训见面。

리우 미인 하이 메이 파앙 슈우 지아, 소오 이 리우 미인 씨아 크어 호우 짜이 투우 슈우 관안 끄언 셩 쒼인 찌엔 미엔.

Shèngxùn shì liúxuésheng, zhè cì tā dìyīcì lái xuéxiào.

圣训是留学生，这次他第一次来学校。

셩 쒼인 쓰으 리오우 쉐에 셩, 쩌어 츠으 타아 띠이 이 츠으 라이 쉐에 샤오.

Tā dào le xuéxiào zhǎo túshūguǎn, dànshì tā mílù le.

他到了学校找图书馆，但是他迷路了。

타아 따오 르어 쉐에 샤오 쟈오 투우 슈우 관안, 따안 쓰으 타아 미이 루우 르어.

Tā wèn le pángbiān de xuésheng. Tā gàosù tā túshūguǎn de wèizhì.

他问了旁边的学生。她告诉他图书馆的位置。

타아 워언 르어 파앙 삐엔 드어 쉐에 셩. 타아 까오 수우 타아 투우 슈우 관안 드어 웨이 쯔으.

Zhè shì tǐyùguǎn, dōngbiān de nà zuò lóu shì túshūguǎn.

这是体育馆，东边的那座楼是图书馆。

쩌어 쓰으 티이 위이 관안, 또옹 삐엔 드어 나아 쭈오 로우 쓰으 투우 슈우 관안.

내일은 리우민(유민)의 생일로, 성훈이는 리우민(유민)에게 전화를 걸었다.

리우민(유민)은 아직 여름방학을 하지 않아서 리우민(유민) 과 성훈이는 수업이 끝난 후 도서관에서 만났다.

성훈이는 유학생으로 이번에 처음으로 학교를 가보았다.

학교에 도착하여 도서관을 찾는데 길을 잃었다.

그는 주변의 학생에게 길을 물어보았고, 그녀는 도서관의 위치를 알려주었다.

이곳이 체육관이고, 동쪽의 저 건물이 바로 도서관이었다.

이것만은 꼭 알아두자

01 喂 wèi
여보세요

전화할 때 사용되는 '여보세요'의 의미로 성조표기는
4성으로 표기되어 있지만, 실제 발음할 때에는 2성으
로 올려서 발음

02 时间 shíjiān
시간

'시간'을 나타내는 단어로 초급과정에서 학습할 때 항상 함께 등장하는 단어들인 '小时
(xiǎoshí)'와 '点(diǎn)'과의 차이점을 이해

时间 shíjiān	小时 xiǎoshí	点 diǎn
일반적인 시간의 의미	시간의 양을 표현	정해진 시간, 시간표현
·时间过得真快! Shíjiān guò de zhēn kuài! ·你今天有时间吗? Nǐ jīntiān yǒu shíjiān ma?	·还有一个小时。 Háiyǒu yígè xiǎoshí. ·要一个半小时。 Yào yígè bàn xiǎoshí.	·我们一点见面吧。 Wǒmen yìdiǎn jiànmiàn ba. ·现在几点? Xiànzài jǐdiǎn?
· 시간이 참 빠르게 지나간다. · 너 오늘 시간 있니?	· 아직 1시간 남았어요 · 1시간 30분 걸립니다.	· 우리 1시에 만나자. · 지금 몇 시인가요?

여기서 잠깐!

다음 괄호 안에 들어갈 알맞은 단어들을 살펴볼까요?

1) 5시   5＿＿＿＿＿＿＿
2) 3시간   3个 ＿＿＿＿＿＿
3) 너 내일 시간 있니?   你明天有 ＿＿＿＿ 吗?

03 当然 dāngrán

당연하다

'당연하다, 물론, 당연히'의 의미로 '의문을 가질 바가 없다'를 뜻하며 긍정, 판단 혹은 앞 문장을 보충하는 어감을 갖는다.

- 나는 당연히 너의 친구이지.　　**我当然是你的朋友。**

  Wǒ dāngrán shì nǐ de péngyou.

- 그렇게 중요한 회의에 너는 당연히 참석해야지.

  那么重要的会议，你当然应该参加。

  Nàme zhòngyào de huìyì, nǐ dāngrán yīnggāi cānjiā.

04 在 zài

~에서

'~에서'의 개사(전치사)로, 기초 중국어에서 이해해야 하는 '在(zài)'의 3가지 의미에 대해서 살펴보자.

在 zài		
1) ~에서(개사)	2) ~에 있다(동사)	3) 진행형
·在哪儿见面? Zài nǎr jiànmiàn? 어디에서 만날까?	·你在哪儿? Nǐ zài nǎr? 너 어디에 있니?	·我在看书。 Wǒ zài kàn shū. 나는 책을 보고 있다.
·我们在学校门口见面吧。 Wǒmen zài xuéxiào ménkǒu jiànmiàn ba. 우리 학교 입구에서 만나자.	·我在学校门口。 Wǒ zài xuéxiào ménkǒu. 나는 학교 입구에 있어.	·他在吃饭呢。 Tā zài chīfàn ne. 그는 밥을 먹고 있다.

05 请问 qǐngwèn

실례합니다

'실례합니다'의 정중한 표현으로 실제 중국에서는 '请问(qǐngwèn)'보다는 '打扰(dǎrǎo)', '你好(nǐhǎo)' 등의 표현을 주로 사용

06 要 yào

~을 하려고 하다

'~을 하려고 하다'의 능원동사(조동사)로 영어와 동일하게 동사의 의미를 더해주는 표현으로 위치는 동사 앞에 사용한다.

07 길을 물어볼 때

去 + 장소 + 怎么走 ?

'请问 qǐngwèn' 등의 표현을 앞에 넣어 사용하면 더욱 정중한 표현이 된다.

08 我告诉你 wǒ gàosù nǐ

'내가 너에게 알려줄게'의 표현으로 중국인들이 습관적으로 사용하는 표현 중 하나이다. 이 표현은 흥분하여 다툼이 일어날 때도 상대방에게 '똑바로 들어!'라는 식의 뉘앙스로도 사용된다.

09 방향

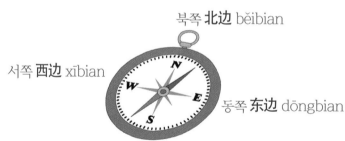

북쪽 北边 běibian

서쪽 西边 xībian

동쪽 东边 dōngbian

남쪽 南边 nánbian

위쪽	上边 shàngbian	앞쪽	前边 qiánbian
아래쪽	下边 xiàbian	뒤쪽	后边 hòubian

왼쪽	左边 zuǒbian	오른쪽	右边 yòubian
안쪽	里边 lǐbian	바깥쪽	外边 wàibian

10 离 lí

~로 부터

'~로부터'의 개사(전치사의 개념)로 사용되는 단어로 주로 사용되는 구조는 '개사 + 명사 + 서술어'의 형태가 대부분이다. 이와 유사한 의미의 단어로는 '从(cóng)'이 있다.

离 lí	从 cóng
뒤에 나오는 명사가 시작점보다 거리가 있음을 의미	'(시작점으로)부터'의 의미

- 학교로부터 조금 멀어요.

  离学校有点儿远。
  Lí xuéxiào yǒudiǎnr yuǎn.

- 오늘부터 다이어트 시작하자.

  从今天开始减肥吧。
  Cóng jīntiān kāishǐ jiǎnféi ba.

11 着 zhe

~하면서

$$\boxed{\text{동사 A}} + \overset{\text{zhe}}{\text{着}} + B$$

동작 / 상태의 지속을 나타내는 의미로 '~하면서'의 뜻이다. 'A + 着(zhe) + B'의 형태로 'A하면서 B하다'의 의미로 사용된다.

> A는 동사로 사용되며 동사의 뒤에 着(zhe)를 바로 사용하여 동사의 상태를 지속한다.

- 동작 들으면서 걷다.

  听着走。
  Tīng zhe zǒu.

- 상태의 지속 나는 영원히 너만 바라볼게. **我永远只望着你。**
  Wǒ yǒngyuǎn zhǐwàng zhe nǐ.

1) 한국은 모든 음식을 한 상에 다 차리고 식사를 하는 것이 일반적이다.

2) 한국은 숟가락과 젓가락을 중요시 여겨 은이나 금속 소재로 만들어 혼수로도 사용한다. 숟가락은 자루가 길고 머리 부분이 완만하게 파여 있어 밥과 국을 먹기에 편리하다.

3) 중국은 순차적으로 요리가 나오며, 식탁 가운데 둥근 원형을 돌려가며 각자 자신의 그릇에 덜어서 먹는 것이 일반적이다.

중국

4) 중국은 기름에 볶는 요리가 많아 나무나 상아 소재의 젓가락을 많이 사용하며, 멀리 있는 음식을 집기 위해 젓가락의 길이가 길고 가볍다.

5) 중국 가정집의 주방은 밀실형태로 문을 닫을 수 있고, 주방의 크기도 집 전체 규모에 비해 작은 편이다.

6) 음식남기기?

우리나라의 경우 음식을 대접받을 때 남기지 않고 먹는 것이 상대방에 대한 예의라고 생각하지만, 체면을 중시하는 중국인들은 손님에게 음식을 대접할 경우 음식을 남기면 준비한 사람의 정성이 부족한 것으로 받아 들일 수 있기 때문에 1/3정도는 남기는 것이 적당하다.

7) 식사 후 포장 문화

음식을 먹고 난 이후에 남은 음식들을 포장해 들고 가는 문화가 있는 나라이다. 식사 후 '可以打包吗? kěyǐ dǎbāo ma?'라고 물으면 포장용기를 주는데 남은 음식을 담아 갈 수 있다.

8) 자리의 서열

원형으로 되어있는 테이블에서 손님은 출입문의 맞은편 안쪽에 앉히고, 그 자리를 중심으로 왼쪽부터 앉는다. 보통 대접하는 사람이 출입문과 가까운 자리에 앉는다. 비즈니스나 행사의 자리일 경우에는 가장 높은 서열의 사람이 출입문 맞은편에 앉고 그 주위의 사람들이 오른쪽, 왼쪽 순으로 앉는다.

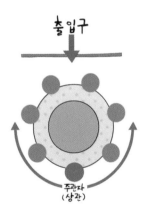

9) 술을 마실 때

우리의 경우 손 위의 사람과 술을 마실 때 술잔을 옆으로 돌려 마시지만, 중국의 경우 일반적인 경우 고개를 돌리지 않고 마신다. 본인의 술잔에 자신이 직접 술을 따라서 마시는 것이 일반적이다.

1. 다음 괄호 안에 들어갈 알맞은 단어는?

> A : 你在哪儿?
> B : 我在你的 (윗쪽)

① 里边　　② 外边　　③ 上边　　④ 下边　　⑤ 右边

2. 다음 괄호 안에 들어갈 알맞은 단어는?

> 明天你有 ( ) 吗? 내일 너 시간 있니?

① 点　　② 小时　　③ 迷路　　④ 右边　　⑤ 时间

3. 다음 문장의 괄호 안에 들어갈 '동작 / 상태의 지속'을 나타내는 단어는?

> Zǒu ( ) qù shí fēn zhōng jiù néng dào.
> 걸어서 10분이면 바로 도착해.

① qù　　② zhe　　③ kàn　　④ shàng　　⑤ zhōng

4. 다음 괄호 안에 들어갈 알맞은 단어는?

> 明天 ( ) 学校图书馆门口见面吧 。
> 내일 학교 도서관에서 만나자.

① 有　　② 在　　③ 是　　④ 别　　⑤ 这

5. 밑줄 친 한어병음에 해당하는 단어로 알맞은 것은?

> Qǐngwèn, wǒ <u>mílù</u> le.

①什么　　②担心　　③地方　　④迷路　　⑤图书馆

6. '~하지 마라'의 뜻으로 괄호 안에 들어갈 단어는?

> （　）担心 , 我告诉你 。

①在　　②别　　③好　　④走　　⑤怎么

7. 빈 칸에 들어갈 말을 〈보기〉에서 찾아 순서대로 배열한 것은?

> A : 喂! 刘敏, 我是圣训。明天你有时间吗?
>
> B : ＿＿＿＿＿＿＿＿＿
>
> A : ＿＿＿＿＿＿＿＿＿
>
> B : ＿＿＿＿＿＿＿＿＿

> a. 听说明天是你的生日。我请客吧, 那我们在哪儿见?
>
> b. 明天在学校图书馆门口见面吧。
>
> c. 当然啊, 你有什么事儿吗?

① a-b-c　　② a-c-b　　③ b-c-a　　④ c-a-b　　⑤ c-b-a

정답

1. ③

    피드백 문제에서 A는 '너 지금 어디 있니?'라고 물어보고 있으며, B는 A
    의 바로 위에 있기 때문에 정답은 ③번 '上边(shàngbian)'을 넣어
    야 한다.

2. ⑤

    피드백 제시된 문장에서의 '시간'은 일반적인 시간의 뜻을 나타내는 문제
    로 정답은 ⑤번 '时间(shíjiān)'을 사용해야 한다.
    시간의 양을 물어보는 '小时(xiǎoshí)'와 혼동해서는 안된다.

3. ②

    피드백 동작의 상태 지속을 나타내는 단어는 'zhe'로 'A + 着(zhe) + B'의
    형태로 'A하면서 B하다'의 의미로 사용된다. 따라서 정답은 ②번
    이다.

4. ②

    피드백 '在(zài)'는 '~에서'의 개사(전치사)로, 명사 앞에 사용한다.

5. ④

    피드백 '길을 잃다'에 해당하는 단어는 '迷路(mílù)'이다.
    什么(shénme) 무엇, 担心(dānxīn) 걱정하다, 地方(dìfang) 장소
    图书馆(túshūguǎn) 도서관

6. ②

    피드백 别(bié)는 '~하지 마라'는 의미의 단어로 '이별하다, 헤어지다'의
    의미도 있다.
    ① 在(zài) : ~에서 ③ 好(hǎo) : 좋다 ④ 走(zǒu) : 걸어가다
    ⑤ 怎么(zěnme) : 어떻게

7. ④

피드백 제시된 문장은 약속을 정하는 문장이다. 문맥상 순서대로 이어진 것은 ④번이다.

- 喂!刘敏, 我是圣训。明天你有时间吗?

여보세요! 유민아, 나 성훈이야. 너 내일 시간 있니?

- 当然啊, 你有什么事儿吗?

당연하지, 무슨 일 있는거니?

- 听说明天是你的生日。我请客吧, 那我们在哪儿见?

듣자하니 내일 너 생일이라는데, 내가 밥살게. 그럼 우리 어디에서 만날까?

- 明天在学校图书馆门口见面吧。

우리 학교 도서관에서 만나자.

쉐도잉 연습

함께 읽어보도록 합시다.	
Wèi, wǒ shì (Shèngxùn). míngtiān nǐ yǒu shíjiān ma? 喂! 我是(圣训)。明天你有时间吗?	여보세요! 나 성훈이야, 내일 너 시간있니?
Nà wǒmen zài nǎr jiàn? 那我们在哪儿见?	그럼 우리 어디에서 만날까?
Qǐngwèn, wǒ mílù le, wǒ yào qù túshūguǎn. zěnme zǒu? 请问, 我迷路了, 我要去图书馆。怎么走?	실례합니다, 제가 길을 잃었는데요, 도서관은 어떻게 가야 하나요?
Zǒu zhe qù shí fēn zhōng jiù néng dào. 走着去十分钟就能到。	걸어서 10분이면 바로 도착합니다.
Xièxiè měinǚ(shuài gē)! 谢谢美女(帅哥)!	감사합니다. 아가씨(핸섬가이)!

중국인처럼 말해 보아요!

(1) Méiyǒu shénme bù kěnéng.

没有什么不可能。

불가능이란 없다.

(2) Wǒ bùzhībùjué jiù shuìzháo le.

我不知不觉就睡着了。

나도 모르게 잠이 들어 버렸어.

1 喂 wèi : 전화할 때 사용되는 '여보세요'의 의미로 성조표기는 4성으로 되어있지만, 실제 발음할 때에는 2성으로 올려서 발음

2 时间 shíjiān : '시간'을 나타내는 단어로 초급과정에서 학습할 때 항상 함께 등장하는 단어들인 '小时(xiǎoshí)'와 '点(diǎn)'과의 차이점을 이해

时间 shíjiān	小时 xiǎoshí	点 diǎn
일반적인 시간의 의미	시간의 양을 표현	정해진 시간, 시간표현

3 当然 dāngrán : '당연하다, 물론, 당연히'의 의미로 '의문을 가질 바가 없다'를 뜻하며 긍정, 판단 혹은 앞 문장을 보충하는 어감을 갖는다.

- 나는 당연히 너의 친구이지.　　　我当然是你的朋友。
　　　　　　　　　　　　　　　　　Wǒ dāngrán shì nǐ de péngyou.

- 그렇게 중요한 회의에 너는 당연히 참석해야지.
  那么重要的会议，你当然应该参加。
  Nàme zhòngyào de huìyì, nǐ dāngrán yīnggāi cānjiā.

4 在 zài

在 zài		
1) ~에서(개사)	2) ~에 있다(동사)	3) 진행형
·在哪儿见面? Zài nǎr jiànmiàn? 어디에서 만날까?	·你在哪儿? Nǐ zài nǎr? 너 어디에 있니?	·我在看书。 Wǒ zài kàn shū. 나는 책을 보고 있다.
·我们在学校门口见面吧。 Wǒmen zài xuéxiào ménkǒu jiànmiàn ba. 우리 학교 입구에서 만나자.	·我在学校门口。 Wǒ zài xuéxiào ménkǒu. 나는 학교 입구에 있어.	·他在吃饭呢。 Tā zài chīfàn ne. 그는 밥을 먹고 있다.

5 **请问** qǐngwèn : '실례합니다'의 정중한 표현으로 실제 중국에서는 '请问 (qǐngwèn)'보다는 '打扰(dǎrǎo), 你好(nǐhǎo)' 등의 표현을 주로 사용

6 **要** yào : '~을 하려고 하다'의 능원동사(조동사)로 영어와 동일하게 동사의 의미를 더해주는 표현으로 위치는 동사 앞에 사용

7 길을 물어볼 때 : **去 + 장소 + 怎么走?**
'请问(qǐngwèn)' 등의 표현을 앞에 넣어준다면 보다 더 정중한 표현이 됨

8 **我告诉你** wǒ gàosù nǐ : '내가 너에게 알려줄게'의 표현으로 중국인들이 습관적으로 사용하는 표현 중 하나이다. 이 표현은 흥분하여 다툼이 일어날 때도 상대방에게 '똑바로 들어!'라는 식의 뉘앙스로도 사용

9 **방향**

동쪽	**东边** dōngbian	서쪽	**西边** xībian
남쪽	**南边** nánbian	북쪽	**北边** běibian
위쪽	**上边** shàngbian	앞쪽	**前边** qiánbian
아래쪽	**下边** xiàbian	뒤쪽	**后边** hòubian
왼쪽	**左边** zuǒbian	오른쪽	**右边** yòubian
안쪽	**里边** lǐbian	바깥쪽	**外边** wàibian

10 **离** lí : '~로부터'의 개사(영어 전치사의 개념)로 사용되는 단어
주로 사용되는 구조는 '개사 + 명사 + 서술어'의 형태

11 **着** zhe : 동작 / 상태의 지속을 나타내는 의미로 '~하면서'의 뜻
'A + 着(zhe) + B'의 형태로 'A하면서 B하다'의 형태로 사용

기초 중국어 회화

시간

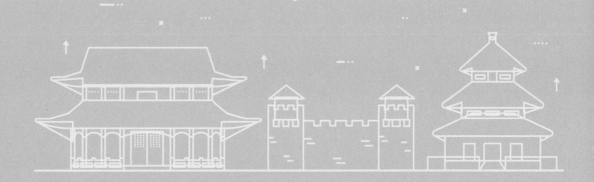

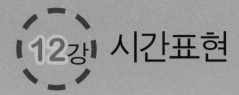

12강 시간표현

现在几点? Xiànzài jǐdiǎn?

지금은 몇 시인가요?

단어	뜻
hǎo jiǔ bú jiàn 好久不见 하오 지오우 뿌우 찌엔	오래간만이에요
guò 过 꾸오	동 지내다, 보내다, 경과하다
de 得 드어	술어와 정도보어를 연결시킴
hái 还 하이	부 또, 더
xíng 行 씨잉	형 좋다, 괜찮다
měitiān 每天 메이 티엔	명 매일
xiàkè 下课 씨아 크어	동 수업이 끝나다
yǐhòu 以后 이 호우	명 이후
yìzhí 一直 이 쯔으	부 계속해서, 끊임없이
fángjiān 房间 파앙 찌엔	명 방
lǐ 里 리이	명 안
zuò 做 쭈오	동 하다, 일하다
zuòyè 作业 쭈오 예에	명 숙제
àihào 爱好 아이 하오	명 취미
xǐhuan 喜欢 시이 화안	형 좋아하다
dǎ 打 다아	동 운동하다

A 왕찌엔(왕건), 오랜만이다. 너 요즘 어떻게 지내니?

B 그런대로 좋아! 매일 수업 후면 방에서 계속 숙제했어.

A 너는 취미가 뭐야?

B 나는 배드민턴 치는 것을 좋아해. 너는?

A 너 운동광이구나, 나도 운동을 좋아해. 배드민턴, 탁구치는거 좋아하지.

　　그럼 수업 후에 우리 같이 배드민턴이나 치러 가는 것이 어떻니?

B 좋아, 너 오늘 언제 수업 끝나니?

A 나는 이미 끝났어. 오늘 오후에는 수업이 없거든.

Wángjiàn, hǎo jiǔ bú jiàn! nǐ guò de zěnmeyàng?

王键, 好久不见! 你过得怎么样?

와앙 찌엔, 하오 지오우 뿌우 찌엔! 니이 꾸오 드어 져언 머어 야앙?

Háixíng! měitiān xiàkè yǐhòu yìzhí zài fángjiān lǐ zuò zuòyè.

还行! 每天下课以后一直在房间里做作业。

하이 씨잉! 메이 티엔 씨아 크어 이 호우 이 쯔으 짜이 파앙 찌엔 리이 쭈오 쭈오 예에.

Nǐ de àihào shì shénme?

你的爱好是什么?

니이 드어 아이 하오 쓰으 셔언 머어?

Wǒ xǐhuan dǎ yǔmáoqiú, nǐ ne?

我喜欢打羽毛球，你呢?

워어 시이 화안 다아 위이 마오 치오우, 니이 너어?

Nǐ shì yùndòngmí ba! wǒ yě xǐhuan yùndòng, dǎ yǔmáoqiú. pīngpāngqiú.
Nà xiàkè yǐhòu zánmen yìqǐ qù dǎqiú ba, zěnmeyàng?

你是运动迷吧! 我也喜欢运动, 打羽毛球，乒乓球。
那下课以后咱们一起去打球吧, 怎么样?

니이 쓰으 위인 또옹 미이 바아! 워어 예에 시이 화안 위인 또옹, 다아 위이 마오 치오우,
피잉 파앙 치오우. 나아 씨아 크어 이 호우 쨔안 머언 이 치이 취이 다아 치오우 바아,
져언 머어 야앙?

Xíng, nǐ jīntiān shénme shíhòu xiàkè?

行，你今天什么时候下课?

씨잉, 니이 찌인 티엔 셔언 머어 쓰으 호우 씨아 크어?

Wǒ yǐjīng xiàkè le. jīntiān xiàwǔ méiyǒu kè.

我已经下课了。今天下午没有课。

워어 이 지잉 씨아 크어 르어. 찌인 티엔 씨아 우 메이 요우 크어.

단어	뜻
yǐjīng 已经 이 지잉	(부) 이미
xiànzài 现在 씨엔 짜이	(명) 지금, 현재
jǐ 几 지이	(수) 몇
diǎn 点 디엔	(명) 시
fēn 分 퍼언	(명) 분
bàn ge xiǎoshí 半个小时 빠안 그어 씨아오 쓰으	(명) 30분

Xiànzài jǐdiǎn?

现在几点?

씨엔 짜이 지이 디엔?

Xiànzài sān diǎn èrshí fēn.

现在三点二十分。

씨엔 짜이 싸안 디엔 어얼 쓰으 퍼언.

Nà bàn ge xiǎoshí hòu zài tǐyùguǎn ménkǒu jiànmiàn ba.

那半个小时后在体育馆门口见面吧。

나아 빠안 그어 씨아오 쓰으 호우 짜이 티이 위이 과안 머언 코우 찌엔 미엔 바아.

Hǎode , wǒmen sān diǎn wǔshí fēn zài ménkǒu jiànmiàn ba.

好的，我们三点五十分在门口见面吧。

하오 드어, 워어 머언 싸안 디엔 우 쓰으 퍼언 짜이 머언 코우 찌엔 미엔 바아.

A 지금 몇 시지?

B 지금은 3시 20분이야.

A 그럼 30분 후에 체육관 입구에서 만나자.

B 그래. 3시 50분에 입구에서 만나자.

Shèngxùn shì yùndòngmí. Tā xǐhuan yùndòng. Tā huì dǎ yǔmáoqiú, pīngpāngqiú.

圣训是运动迷。他喜欢运动。他会打羽毛球，乒乓球。

셔엉 쒸인 쓰으 위인 또옹 미이. 타아 시이 화안 윈 또옹. 타아 회이 다아 위이 마오 치오우, 핑 팡 치오우.

Tā de péngyou Wáng Jiàn yě xǐhuan yùndòng. Tā tèbié xǐhuan dǎ yǔmáoqiú.

他的朋友王键也喜欢运动。他特别喜欢打羽毛球。

타아 드어 퍼엉 요우 와앙 찌엔 예에 시이 화안 윈 또옹. 타아 트어 비에 시이 화안 다아 위이 마오 치오우.

Shèngxùn jīntiān xiàwǔ méiyǒu kè.

圣训今天下午没有课。

셔엉 쒸인 찌인 티엔 씨아 우 메이 요우 크어.

Suǒyǐ tāmen liǎ yuēdìng chà shí fēn sì diǎn zài tǐyùguǎn ménkǒu jiàn, yìqǐ dǎqiú.

所以他们俩约定差十分四点在体育馆门口见，一起打球。

소오 이 타아 머언 리아 웨에 디잉 챠아 쓰으 퍼언 쓰으 디엔 짜이 티이 위이 과안 머언 코우 찌엔, 이 치이 다아 치오우.

성훈이는 운동광이다. 그는 운동을 좋아한다. 그는 배드민턴과 탁구를 칠 줄 안다.

그의 친구 왕찌엔(왕건)도 운동광이다. 그는 특히 배드민턴 치는 것을 매우 좋아한다.

성훈이는 오늘 오후에 수업이 없다.

그래서 그 둘은 3시 50분에 체육관 입구에서 만나기로 약속을 정해 함께 운동을 했다.

이것만은 꼭 알아두자

01 **好久不见** hǎo jiǔ bú jiàn

상대방을 오랜만에 만났을 때 사용하는 문장으로 '오랜만이다, 잘 지냈어?' 등의 의미로 사용된다. 이와 같은 표현으로는 '很久没见(hěn jiǔ méi jiàn)'이 있다.

02 **得** de

'너 그동안 어떻게 지냈니?'의 문장으로 정도보어의 '得(de)'에 대해서 살펴본다면 다음 과 같다.

- 너 그동안 어떻게 지냈니?　　　**你过得怎么样?**
　　　　　　　　　　　　　　　Nǐ guò de zěnmeyàng?

정도보어 : 술어 뒤에서 술어의 상태, 동작의 정도를 보충설명

1 정도보어 得 de의 위치 1 : 주어 ＋ 동사 ＋ 得 ＋ 보충대상

- 그는 정말 빠르다.　　　　　　　**他跑得很快。**
　　　　　　　　　　　　　　　Tā pǎo de hěn kuài.

2 정도보어 得 de의 위치 2 : 주어 ＋ 목적어 ＋ 동사 ＋ 得 ＋ 보충대상

- 그는 중국어를 정말 잘한다.　　　**他(说)汉语说得非常好。**
　　　　　　　　　　　　　　　Tā shuō hànyǔ shuō de fēicháng hǎo.

3 '得 de'는 일반적으로 이미 일어난 일에 대한 보충적 설명으로 '不 bù'는 술어 앞에 사용 하는 것이 아니라 '得 de' 뒤에 사용하여 부정을 만든다는 것을 기억하자.

- 그들은 잘 쉬지도 못했어.　　　　**他们休息得不好。**
　　　　　　　　　　　　　　　Tāmen xiūxi de bùhǎo.

'그런대로 괜찮아'라는 의미로 '还(hái)'는 '또한'의 의미 이외에도 '그런대로'라는 뜻으로도 해석

04 你的爱好是什么? Nǐ de àihào shì shénme?

'너의 취미는 무엇이니?'의 문장으로 '爱好(àihào)'는 '취미'라는 의미로 사용

〈취미 표현〉

唱歌	画画儿	踢足球	听音乐	看电影
chàng gē	huà huà(r)	tī zúqiú	tīng yīnyuè	kàn diànyǐng
노래하다	그림을 그리다	축구하다	음악을 듣다	영화를 보다

05 打 dǎ

'운동하다'의 뜻을 갖고 있는 단어로 구기운동에서 손으로 하는 종목에서는 '打 dǎ'를 사용하고 발을 이용한 종목에서는 '踢 tī'를 사용한다. (예 : 踢足球 tī zúqiú 축구하다)
'打 dǎ'는 '운동하다'의 의미 이외에도 '전화하다', '때리다'의 뜻으로도 사용

dǎ   tī

打 + 손으로 하는 운동 / **踢** + 발로 하는 운동

• 제게 전화하셨나요?   **你给我打电话了吗?**

                            Nǐ gěi wǒ dǎ diànhuà le ma?

• 때리지 마!   **不要打!**

                            Búyào dǎ!

06 现在几点? Xiànzài jǐdiǎn?

1) 시간표현법에서 기본이 되는 **시**와 **분**

시 : 点 diǎn	**분 : 分** fēn
两点 2시, 三点 3시, 十一点 11시	五分 5분, 十分 10분, 三十分 30분

2) 응용표현

刻 kè **15분**　　　예) 三点一刻 3시 15분, 十点三刻 10시 45분

半 bàn **30분**　　　예) 两点半 2시 30분, 九点半 9시 30분

差 chà **부족하다**　예) 差五分四点 3시 55분, 差一刻七点 6시 45분

2시를 표현할 때는 '二点 èrdiǎn'이 아닌 '两点 liǎngdiǎn'을 사용해야 한다.

分 fēn 분침

点 diǎn 시침

1. 다음 괄호 안에 들어갈 알맞은 단어는?

> 你过 ( ) 怎么样?　너 어떻게 지냈니?
> (너 지내는 정도가 어떻니?)

①分　　　②好　　　③得　　　④几　　　⑤给

2. 밑줄 친 단어의 성조가 나머지 넷과 다른 것은?

①足球　　②现在　　③电话　　④爱好　　⑤作业

3. 시계에서 나타내고 있는 현재 시간은?

> 现在九点半。

① 7시 25분　② 9시 30분　③ 10시 45분　④ 11시 25분　⑤ 12시 30분

4. '운동하다'의 '打'를 사용하지 않는 종목의 운동은?

①足球　　②篮球　　③乒乓球　　④太极券　　⑤羽毛球

5. '3시 45분'을 나타내는 표현에서 괄호 안에 들어갈 알맞은 단어는?

> 三点三 ( )。

①两　　　②半　　　③差　　　④分　　　⑤刻

6. 〈보기〉의 단어를 주어진 우리말에 맞게 배열한 것은?

너 오늘 언제 수업이 끝나니?
보기   ㄱ. 你 ㄴ. 什么时候 ㄷ. 今天 ㄹ. 下课

① ㄱ-ㄷ-ㄹ-ㄴ   ② ㄱ-ㄷ-ㄴ-ㄹ   ③ ㄴ-ㄹ-ㄷ-ㄱ
④ ㄷ-ㄱ-ㄹ-ㄴ   ⑤ ㄹ-ㄷ-ㄴ-ㄱ

7. 다음 문장에서 성훈과 왕찌엔(왕건)이 공통으로 좋아하는 운동 종목은?

圣训是运动迷。他喜欢运动。他会打羽毛球, 乒乓球。他的朋
友王键也喜欢运动。他特别喜欢打羽毛球。

① 탁구   ② 축구   ③ 수영   ④ 테니스   ⑤ 배드민턴

정답

1. ③

   [피드백] 정도보어와 관련된 내용을 물어보는 문제로 괄호 안에 들어갈 단어는 '~정도가 (어떠하다)'의 '得(de)'이다, '过(guò)'의 의미는 '지내다, 보내다'의 뜻으로 '지내는 정도가 ~하다'로 해석된다. 따라서 정답은 ③번이다.

2. ①

   [피드백] ①번을 제외한 나머지 단어들의 성조는 4성이다.
   ① **足球**(zúqiú) 축구 ② **现在**(xiànzài) 현재 ③ **电话**(diànhuà) 전화
   ④ **爱好**(àihào) 취미 ⑤ **作业**(zuòyè) 숙제

3. ②

   [피드백] '现在九点半(Xiànzài jiǔ diǎn bàn.)'은 '지금은 9시 30분입니다.'의 문장이다. 따라서 정답은 ②번이다.

4. ①

   [피드백] '打(dǎ)'는 손을 이용한 운동을 표현할 때 사용하고, 발을 이용한 종목에서는 '踢(tī)'를 사용한다. 踢足球(tī zúqiú 축구하다)

5. ⑤

   [피드백] '刻(kè)'는 1/4을 뜻하는 단어로 15분을 나타낼 때는 '一刻(yíkè)'로 , 30분은 '半(bàn)', 45분을 뜻하는 단어는 '三刻(sānkè)'를 사용해야 한다. 따라서 정답은 ⑤번이다.

6. ②

   [피드백] '너 오늘 언제 수업이 끝나니?'의 문장은 '你今天什么时候下课? (Nǐ jīntiān shénme shíhòu xiàkè?)'이다. 따라서 정답은 ②번이다.

7. ⑤

   [피드백] 제시된 마지막 문장에서 '他特别喜欢打羽毛球。그는 배드민턴 치는 것을 매우 좋아한다'고 했으므로 정답은 ⑤번 배드민턴이다.
   탁구 乒乓球(pīngpāngqiú), **축구** 足球(zúqiú), **수영** 游泳(yóuyǒng),
   테니스 网球(wǎngqiú), **배드민턴** 羽毛球(yǔmáoqiú)

유교 사상을 근본으로 하는 중국인들은 예로부터 선물에 많은 의미를 부여하였고, 선물은 꽌시(인간관계) 형성의 기본이며 동시에 교제의 중요한 수단으로 사용되고 있다. 또한 선물은 주는 사람이 받는 사람에게 보이는 관심의 표시일 뿐만 아니라 주는 사람의 신분적 상징성을 나타내기도 하는 등 중요한 매개체이기도 하다.

谐音 xiéyīn

해음현상은 같은 소리가 난 문자를 활용한 중의적 표현으로 단어의 음과 독음이 같거나 비슷한 경우를 이르는 말

중국인들에게 선물했을 때 좋은 예

① **술**(酒 jiǔ) : '장수하다'의 久(jiǔ)와 발음이 같으므로 중국인들은 술을 선물로 받는 것을 좋아한다. (단, 중국인은 짝수를 좋아하기 때문에 白酒(báijiǔ) 같은 중국술을 선물 할 때 1병이 아닌 2병으로 선물해야 함)

② **사과**(苹果 píngguǒ) : '평안하다'의 平安(píng'ān)과 발음이 비슷해서 나이가 많은 분들에게 건강과 안녕을 기원한다는 의미에서 선물함

중국인에게 선물하지 말아야 하는 것들

① **시계**(钟 zhōng) : 시계의 발음은 '끝나다'의 '终(zhōng)'과 발음이 같아서 부정적인 의미로 선물하지 않는다. 단, 손목시계는 해당되지 않는다.

② **우산**(伞 sǎn) : 우산의 발음 역시 '흩어지다'의 '散(sàn)'과 발음이 동일하며 이는 헤어짐을 나타내는 의미로 연상되기 때문에 선물하지 않음

③ **배**(梨 lí) : 배는 이별을 뜻하는 '离(lí)'와 발음이 같기 때문에 금기되는 선물 중 하나이다.

함께 읽어보도록 합시다.	
Hǎo jiǔ bú jiàn! nǐ guò de zěnmeyàng? 好久不见! 你过得怎么样?	오랜만이다. 너 요즘 어떻게 지내니?
Nǐ shì yùndòngmí ba! wǒ yě xǐhuan yùndòng, dǎ yǔmáoqiú , pīngpāngqiú. 你是运动迷吧! 我也喜欢运动, 打羽毛球 , 乒乓球。	너 운동광이구나, 나도 운동을 좋아해. 배드민턴, 탁구치는거를 좋아하지.
Xiànzài jǐdiǎn? 现在几点?	지금 몇 시지?
Xiànzài sān diǎn èrshí fēn. 现在三点二十分。	지금은 3시 20분이야.

중국인처럼 말해 보아요!

(1) Wǒ zěnme chēnghū nǐ?

我怎么称呼你?
제가 당신을 어떻게 부를까요?

(2) Qǐngwèn, xǐshǒujiān zài nǎr?

请问，洗手间在哪儿?
실례합니다, 화장실이 어디에 있나요?

① **好久不见** Hǎo jiǔ bú jiàn : 상대방을 오랜만에 만났을 때 사용하는 문장으로 '오랜만이다, 잘 지냈어?' 등의 의미로 사용된다. 이와 같은 표현으로는 '很久没见(hěn jiǔ méi jiàn)'이 있다.

② **你过得怎么样?** Nǐ guò de zěnmeyàng? : '너 그동안 어떻게 지냈니?'의 문장으로 정도보어의 '得(de)'에 대해서 살펴본다면 다음과 같다.

정도보어 : 술어 뒤에서 술어의 상태, 동작의 정도를 보충설명

① 정도보어 得de의 위치 1 : 주어 + 동사 + 得 + 보충대상

- 그는 정말 빠르다.　　　　　他跑得很快。
　　　　　　　　　　　　　　Tā pǎo de hěn kuài.

② 정도보어 得de의 위치 2 : 주어 + 목적어 + 동사 + 得 + 보충대상

- 그는 중국어를 정말 잘한다.　他(说)汉语说得非常好。
　　　　　　　　　　　　　　Tā shuō hànyǔ shuō de fēicháng hǎo.

③ '得(de)'는 일반적으로 이미 일어난 일에 대한 보충적 설명으로 '不 bù'는 술어 앞에 사용하는 것이 아니라 '得 de' 뒤에 사용하여 부정을 만든다는 것을 기억하자.

- 그들은 잘 쉬지도 못했어.　他们休息得不好。
　　　　　　　　　　　　　　Tāmen xiūxi de bùhǎo.

---

③ **还行** Háixíng : '그런대로 괜찮아'라는 의미로 '还(hái)'가 '또한'의 의미 이외에도 '그런대로'라는 뜻으로도 해석한다.

---

④ **你的爱好是什么?** Nǐ de àihào shì shénme? : '너의 취미는 무엇이니?'의 문장으로 '爱好(àihào)'는 '취미'라는 의미로 사용한다.

⑤ 打 dǎ : '운동하다'의 뜻을 갖고 있는 단어로 구기운동에서 손으로 하는 종목에서는 '打(dǎ)'를 사용하고 발을 이용한 종목에서는 '踢(tī)'를 사용한다.

(예 : 踢足球 tī zúqiú 축구하다)

'打(dǎ)'는 '운동하다'의 의미 이외에도 '전화하다', '때리다'의 뜻으로도 사용한다.

---

⑥ **现在几点?** Xiànzài jǐdiǎn? : 시간을 묻는 문장으로 '지금 몇 시인가요?'의 의미

1) 시간표현법에서 기본이 되는 시와 분

시 : **点** diǎn	분 : **分** fēn
两点 2시, 三点 3시, 十一点 11시	五分 5분, 十分 10분, 三十分 30분

2) 응용표현

刻 kè 15분   예) 三点一刻 3시 15분, 十点三刻 10시 45분

半 bàn 30분   예) 两点半 2시 30분, 九点半 9시 30분

差 chà 부족하다   예) 差五分四点 3시 55분, 差一刻七点 6시 45분

기초 중국어 회화 13강

가격묻기 및
요리 주문하기

13강 가격묻기 및 요리 주문하기

多少钱? Duōshaoqián?
얼마인가요?

服务员! 我们点菜。 Fúwùyuán! wǒmen diǎncài.
종업원! 주문할게요.

단어	뜻
xiǎng 想 씨앙	동 ~하고 싶다
mǎi 买 마이	동 사다
jiàn 件 찌엔	양 벌(옷을 세는 양사)
yīfu 衣服 이 푸우	명 옷
méiwèntí 没问题 메이 워언 티이	동 문제없다
shénmeyàng 什么样 셔언 머어 야앙	대 어떠한
qípáo 旗袍 치이 파오	명 치파오(중국전통의상)
sòng 送 쏘옹	동 보내다, 주다, 선물하다
gěi 给 게이	동 주다
dài 带 따이	동 이끌다, 안내하다
kuài 快 콰이	형 빠르다
huānyíng guānglín 欢迎光临 화안 이잉 꽈앙 리인	어서오세요
yòu A yòu B 又A又B 요우 A 요우 B	부 A하기도 하고 B하기도 하다
piányi 便宜 피엔 이	형 가격이 싸다
hǎokàn 好看 하오 카안	형 보기 좋다, 예쁘다

Xīlíng, wǒ xiǎng mǎi yí jiàn yīfu, nǐ néng gēn wǒ yìqǐ qù mǎi ma?

稀玲，我想买一件衣服，你能跟我一起去买吗?

씨이 리잉, 워어 씨앙 마이 이 찌엔 이 푸우, 니이 느엉 끄언 워어 이 치이 취이 마이 마아?

Méi wèntí, nǐ yào mǎi shénmeyàng de yīfu?

没问题，你要买什么样的衣服?

메이 워언 티이, 니이 이야오 마이 셔언 머어 야앙 드어 이 푸우?

Wǒ xiǎng mǎi yí jiàn qípáo. sòng gěi wǒ de nǚpéngyou.

我想买一件旗袍。送给我的女朋友。

워어 씨앙 마이 이 찌엔 치이 파오. 쏘옹 게이 워어 드어 뉘이 펀엉 요우.

Hǎode, wǒ dài nǐ qù mǎi ba, kuài zǒu ba!

好的，我带你去买吧, 快走吧!

하오 드어, 워어 따이 니이 취이 마이 바아, 콰이 조우 바아!

A 씨링(희령), 나 옷 한 벌 사려고 하는데, 나랑 같이 가줄 수 있니?

B 문제 없지, 너 어떠한 옷을 사려고 하는데?

A 나는 여자친구에게 치파오를 한 번 사주려고 해.

B 좋아, 내가 같이 가줄게, 빨리 가자!

단어	뜻
érqiě 而且 얼치에	접 게다가
mǎi yī sòng yī 买一送一 마이 이 쏘옹 이	1 + 1
duōshao 多少 뚜오샤오	대 얼마, 몇
qián 钱 치엔	명 돈 
tài 太 타이	부 너무, 매우, 아주
guì 贵 꾸웨이	형 (값이) 비싸다
yìdiǎnr 一点儿 이 디얼	부 조금, 약간
jiǎngjià 讲价 지앙 지아	동 가격을 흥정하다

Huānyíng guānglín, nín yào mǎi shénme?

欢迎光临，您要买什么?

화안 이잉 꽈앙 리인, 니인 이야오 마이 셔언 머어?

Wǒ yào mǎi yí jiàn qípáo.

我要买一件旗袍。 워어 이야오 마이 이 찌엔 치이 파오.

Zhè jiàn qípáo zěnmeyàng? yòu piányi yòu hǎokàn. érqiě xiànzài mǎi yī sòng yī.

这件旗袍怎么样? 又便宜又好看。 而且现在买一送一。

쩌어 찌엔 치이 파오 져언 머어 야앙? 요우 피엔 이 요우 하오 카안. 어얼 치에 씨엔 짜이 마이 이 쏘옹 이.

Duōshaoqián?

多少钱? 뚜오 샤오 치엔?

Wǔ bǎi sānshí kuài.

530块。 우 바이 싸안 쓰으 콰이.

Tài guì le, piányi yìdiǎnr ba.

太贵了, 便宜一点儿吧。 타이 꿰이 르어, 피엔 이 이 디얼 바아.

Bùhǎoyìsi, wǒmen diàn bù jiǎngjià.

不好意思, 我们店不讲价。

뿌우 하오 이 쓰으, 워어 머언 띠엔 뿌우 지앙 지아.

Hǎode, nà wǒ mǎi zhège ba. gěi nǐ qián.

好的, 那我买这个吧。 给你钱。

하오 드어, 나아 워어 마이 쩌어 그어 바아. 게이 니이 치엔.

Zhǎo nín èrshí kuài, xièxie guānglín.

找您20块, 谢谢光临。 쟈오 니인 어얼 쓰으 콰이, 씨에 씨에 꽈앙 리인.

A 어서오세요! 무엇을 찾으시나요?

B 저는 치파오를 한 벌 사려고 합니다.

A 이 옷(치파오)은 어떠신가요? 가격이 싸고 예쁩니다. 게다가 지금 원
　플러스 원 행사중이기도 하고요.

B 얼마인가요?

A 530위안입니다.

B 너무 비싼데요, 좀 깎아주시면 안되나요?

A 죄송합니다. 저희 가게는 흥정을 하지 않습니다.

B 좋아요, 그럼 이거로 할게요, (돈) 여기 있습니다.

A 20원 거슬러드리겠습니다. 감사합니다. 또 오세요!

단어	뜻
è 饿 으어	형 배고프다
chī 吃 츠으	동 먹다
kǎoyā 烤鸭 카오 야아	명 오리 구이
Quánjùdé 全聚德 취엔 쮜이 드어	대 전취덕(베이징 오리구이 식당)
suīrán~dànshì 虽然~ 但是 쑤이 라안 ~ 따안 쓰으	접 비록~하지만, 그러나~하다
fúwùyuán 服务员 푸우 우 위엔	명 종업원
wèi 位 웨이	양 분, 명
lǐbian 里边 리이 비엔	명 안(쪽), 내부
zuò 坐 쭈오	동 앉다
diǎn 点 디엔	동 주문하다
lái 来 라이	동 ~주세요 (구체적인 동사를 대신하는 말로 사용)
zhī 只 즈으	양 마리
yǐnliào 饮料 이인 리아오	명 음료
píng 瓶 피잉	양 병
yígòng 一共 이 꼬옹	부 모두

단어	뜻
xiànjīn 现金 씨엔 찌인	명 현금
háishi 还是 하이 쓰으	접 또는, 아니면
shuākǎ 刷卡 쓔아 카아	동 (카드로) 결제하다
zhīfù 支付 쯔으 푸우	동 지불하다
sǎo 扫 싸오	동 스캔하다

Nǐ bú è ma? wǒ xiǎng chī kǎoyā.

你不饿吗? 我想吃烤鸭。

니이 뿌우 으어 마아? 워어 씨앙 츠으 카오 야아.

Nà zánmen qù Quánjùdé ba, suīrán jiàgé yǒudiǎnr guì, dànshì tèbié hǎochī.

那咱们去全聚德吧, 虽然价格有点儿贵, 但是特别好吃。

나아 쟈안 머언 취이 취엔 쥐이 드어 바아, 쑤이 라안 찌아 거어 요우 디얼 꿰이, 따안 쓰으 트어 비에 하오 츠으.

Hǎode, nà jīntiān wǒ qǐngkè ba.

好的, 那今天我请客吧。

하오 드어, 나아 찌인 티엔 워어 치잉 크어 바아.

A 너 배고프지 않아? 나 오리 구이가 먹고 싶어.

B 그럼 우리 전취덕 가자, 비록 비싸긴 해도 정말 맛있어.

A 좋아, 그럼 오늘은 내가 살게.

Huānyíng guānglín, nǐmen jǐ wèi?

欢迎光临，你们几位?

화안 이잉 꽈앙 리인, 니이 머언 지이 웨이?

Liǎng wèi

两位。

리앙 웨이.

Hǎode, lǐbian zuò.

好的, 里边坐。

하오 드어, 리이 삐엔 쭈오.

A 어서오세요, 몇 분이신가요?

B 두 명입니다.

A 좋아요, 안쪽에 앉으시면 됩니다.

Fúwùyuán! wǒmen diǎncài, lái yì zhī kǎoyā, yí gè yúxiāngròusī, yí gè gōngbǎojīdīng.

服务员! 我们点菜，来一只烤鸭，一个鱼香肉丝，一个宫保鸡丁。

푸우 우 위엔! 워어 머언 디엔 챠이, 라이 이 쯔으 카오 야아, 이 그어 위이 씨앙 로우 쓰으, 이 그어 꼬옹 바오 찌이 디잉.

Yǐnliào ne?

饮料呢?

이인 리아오 느어?

Lái liǎng píng xuěbì.

来两瓶雪碧。

라이 리앙 피잉 쉐에 삐이.

A 종업원! 음식 주문할게요, 오리 구이 한 마리, 위샹로우쓰, 꿍바오지딩 1개 주세요.

B 음료는요?

A 스프라이트 2병 주세요.

대화문 6 계산하기

Yígòng sānbǎi èrshí kuài, xiànjīn háishi shuākǎ?

一共320块，现金还是刷卡?

이 꼬옹 싸안 바이 어얼 쓰으 콰이, 씨엔 찌인 하이 쓰으 쓔아 카아?

Wēixìn zhīfù kěyǐ ma?

微信支付可以吗?

웨이 씨인 쯔으 푸우 크어 이 마아?

Dāngrán! nín sǎo zhè ge jiù hǎo le.

当然! 您扫这个就好了。

따앙 라안! 니인 싸오 쪄어 그어 찌우오 하오 르어.

A 모두 320위안입니다. 현금으로 하시겠어요? 카드로 하시겠어요?

B 웨이신 결재 가능합니까?

A 당연하지요. 여기를 스캔하시면 됩니다.

01 想 xiǎng
~을 하려고 하다

'~을 하려고 하다'의 능원동사로 뒤에 나오는 동사의 의미를 더해주는 역할로 사용된다.

주어 + 想 + 동사 + 목적어

想吃	想去	想听	想看
먹고 싶다	가고 싶다	듣고 싶다	보고 싶다

想(xiǎng)과 함께 많이 사용되는 능원동사의 단어로는 要(yào)가 있다.

想 xiǎng (바램)	要 yào (의지)
~하고 싶다	**~을 하려고 하다**
화자의 바램을 나타낼 때 표현	말하려는 주어의 의지가 강하게 표현

02 件 jiàn
~벌

옷을 세는 양사로 '벌'에 해당함, 중국어는 양사가 매우 발달된 언어이다.

신체상 상의의 옷을 셀 때는 '件(jiàn)'을 사용한다.

상의

바지(裤子 kùzi)나 치마(裙子 qúnzi)같이 하의를 나타낼 경우에는 '**条**(tiáo)'를 사용한다.	바지 치마
양복(西服 xīfú)이나 원피스(连衣裙 liányīqún) 같이 한 벌로 이루어진 옷들은 '**件**(jiàn)'을 양사로 사용한다.	양복 원피스

03 연동문에 대한 이해

'연동문'이란 하나의 주어에 동사(구)가 2개 이상 사용되는 것을 말하며, 동사의 순서에 따라 동작의 행위가 이루어진다.

- Wǒ zuò fēijī qù Tiānjīn.　　**我坐飞机去天津。**
　　　　　　　　　　　　　　나는 비행기를 타고 톈진에 간다.

04 要 yào　　　　　　　　　　　　　　　　　　~을 하려고 하다

'~을 하려고 하다'의 능원동사의 의미뿐만 아니라 '필요하다'의 동사로도 사용된다.

- Nín yào shénme yánsè de ?　　**您要什么颜色的?**
　　　　　　　　　　　　　　당신은 어떤 색상을 원하세요?

05 旗袍 qípáo　　　　　　　　　　　　　　　　　　치파오

'旗袍'는 만주족의 의상을 기반으로 해서 만들어진 의상으로, 원래는 남녀 의상 모두를 이르는 말이었지만, 시간이 지날수록 보통 원피스 형태의 여성 의복으로 자리잡음. 이에 차이나 드레스(China dress, Qipao)라고도 부른다. 남자들이 입는 옷들은 '唐装 (tángzhuāng)'이라고 한다.

06 又便宜又好看

又 A 又 B

'A 하기도 하고 B 하기도 하다.'의 표현을 나타낼 때 사용할 수 있는 표현으로 두 가지 상황이 동시에 존재함을 나타낼 때 사용하며 병렬관계를 나타낸다.

- Pútáo yòu tián yòu hǎochī.
  葡萄又甜又好吃。
  포도는 달기도 하고 맛있어.

- Jīn lǎoshī yòu shuài yòu gāo.
  金老师又帅又高。
  김선생님은 잘생기고도 키가 커.

〈단어 배열하기 연습문제〉

- 그녀는 착하기도 하면서 예뻐.

  단어 她 漂亮 又 善良 又

  _____

  Tā yòu shànliáng yòu piàoliang.

  정답 : 她又善良又漂亮。

07 一点儿 yìdiǎnr

조금, 약간

一点儿 yìdiǎnr	有点儿 yǒudiǎnr
술어 + 一点儿	有点儿 + 술어

- Duō chī yìdiǎnr ba.
  多吃一点儿吧。
  조금 더 드세요.

- Wǒ dùzi yǒudiǎnr téng.
  我肚子有点儿疼。
  저 배가 조금 아픕니다.

08 全聚德 Quánjùdé

오리구이

베이징의 대표요리라 할 수 있는 오리구이, 그중에서도 가장 고급적이고 전문점인 全

聚德(전취덕), 현재 50여개의 지점을 보유하고 있으며 和平门(Hépíngmén)점 같은 경우는 한 번에 2,000명 정도가 식사할 수 있을 정도의 규모를 갖고 있다.

'全聚德'의 이름은 '전이무결(全而无缺), 취이불산(聚而不散), 인덕지상(仁德至上)'의 줄임말

09 虽然价格有点儿贵, 但是特别好吃。 　　　비록 ~일지라도 ~하다

虽然(suīrán) ~ 但是(dànshì) ~ : 비록 ~ 일지라도 그러나 ~ 하다.

- Wǒ suīrán bú tài cōngmíng, dànshì fēicháng yònggōng.

  我虽然不太聪明，但是非常用功。

  나는 비록 그렇게 총명하지는 않지만 매우 열심히 공부한다.

10 两位 liǎng wèi

'位(wèi)'는 사람을 높여 부를 때 사용하는 양사로 '분'에 해당한다. 양사 앞에서는 숫자 2를 표현할 때 '两(liǎng)'을 사용한다.

특히 식당에서 종업원이 '你们几位?(Nǐmen jǐ wèi?)'라고 물어보면 '两个人(liǎng gè rén)' 이라고 대답하지 말고 '两位(liǎng wèi)'라고 대답하도록 하자.

11 点菜 diǎncài 　　　주문하다

diǎn
点

1) (요리를) 주문하다
2) 시간을 나타낼 때 사용되는 '시'

12 现金还是刷卡? 　　　A 또는 B

'A 还是 B'는 영어의 'A or B'에 해당하는 표현으로 '还是(háishi)'는 '또한, 아니면'의 의미로 사용한다.

- Nǐ yào hē chá háishi hē niúnǎi? 　　**你要喝茶还是喝牛奶?**

  당신 차 마실래요 아니면 우유 마실래요?

태극권 太极拳 (tàijíquán)

중국의 권법 중 하나이자 중국인들의 국민스포츠 중 하나로 남녀노소를 막론하고 신체단련을 위해 운동함. 진식태극권, 양식태극권 등 유파마다 추구하는 바는 조금씩 다르지만 느릿느릿한 투로 수련에 목적을 두고 있으며, 태극검, 태극선 등 검이나 부채들을 활용하여 수련하기도 한다.

광장무 广场舞 (guǎngchǎngwǔ)

아침, 저녁에 광장이나 상가 등에 모여 노래에 맞추어 춤추는 사교행사로 적게는 동네 주변의 모임들로부터 정식동호회까지 다양하고 다채롭게 여가활동을 즐겨하고 있음. 하지만 음악을 너무 크게 틀어놓고 춤을 추기에 주변에서 생활하는 사람들의 민원이 많이 발생하고 있다.

따슈 地书 (dìshū)

스펀지로 만든 큰 붓에 물을 찍어 바닥에 한자쓰기 연습을 하는 활동으로 종이와 먹물 등의 장비가 필요 없어 친환경적으로 문화활동을 할 수 있는 장점이 있다.

마작 麻将 (májiàng)

중국에서 기원한 것으로 명나라 때부터 시작된 스포츠 게임. 마작패의 무게는 보통 11g~15g이며 숫자로 된 수패(만수패, 통수패, 삭수패로 108장)와 글자로 된 자패(풍패, 삼원패로 28장), 꽃패(8장)로 구성됨. 중국의 공원이나 골목 같은 곳에서 삼삼오오 모여 마작하는 중국인들을 쉽게 볼 수 있다.

이외에도 제기차기, 탁구, 종이오리기 공예 등의 기타 여가활동이 있다.

쉐도잉 연습

함께 읽어보도록 합시다.	
Wǒ xiǎng mǎi yí jiàn yīfu, nǐ néng gēn wǒ yìqǐ qù mǎi ma? 我想买一件衣服, 你能跟我一起去买吗?	나 옷 한 벌 사려고 하는데, 나랑 같이 가줄 수 있니?
Huānyíng guānglín, nín yào mǎi shénme? 欢迎光临, 您要买什么?	어서오세요, 당신은 무엇을 사려고 하시는지요?
Duōshaoqián? 多少钱?	얼마인가요?
Tài guì le, piányi yìdiǎnr ba. 太贵了, 便宜一点儿吧。	너무 비싼데요, 조금 깎아주시면 안되나요?
Fúwùyuán! wǒmen diǎncài. 服务员! 我们点菜。	종업원, 우리 주문할게요.

1. 다음 괄호 안에 들어갈 알맞은 단어는?

> 服务员! 我们 ( ) 菜。Fúwùyuán! wǒmen ( ) cài.
> 종업원! 우리 음식 주문할게요.

① 给　　　② 没　　　③ 点　　　④ 块　　　⑤ 多

2. '∼하기도 하고 ∼하기도 하다'의 표현에서 아래 문장의 괄호 안에 공통으로 들어갈 단어는?

> ( ) 便宜 ( ) 好看。가격이 싸기도 하고 예쁘기도 합니다.

① 又　　　② 在　　　③ 太　　　④ 件　　　⑤ 好

3. 다음 중 양사의 표현이 틀린 것은?

① 两位　　　　　　② 一个鱼香肉丝
③ 一个宫保鸡丁　　④ 两瓶雪碧　　　⑤ 一双衣服

4. 다음 문장의 괄호 안에 들어갈 알맞은 단어는?

> 现金 ( ) 刷卡?
> 현금으로 하시겠어요 아니면 카드로 하시겠어요?

① 支付　　　② 一共　　　③ 里边　　　④ 讲价　　　⑤ 还是

5. 다음의 문장은 가격을 흥정할 때 사용할 수 있는 문장이다. '조금, 약간'의 '一点儿'
    의 단어가 들어갈 알맞은 위치는?

    > ① 太 ② 贵了，③ 便宜 ④ 吧 ⑤ 。

6. 다음 문장은 결재할 때 주로 사용되는 표현이다. 괄호 안에 들어갈 알맞은 단어는?

    > 您（ ）这个就好了。
    > 여기를 스캔하시면 됩니다.

    ① 位   ② 一   ③ 要   ④ 想   ⑤ 扫

7. '오늘은 내가 살게'의 중국어 문장에서 괄호 안에 들어갈 단어를 적어본다면?

    > 今天我（ ）吧。

    정답: ＿＿＿＿＿＿

정답

1. ③

   피드백 '요리를 주문하다'에 해당하는 단어는 '点菜(diǎncài)'이다. '点(diǎn)'은 '시'를 나타내는 의미 이외에도 '주문하다'의 뜻을 갖고 있다. 따라서 정답은 ③번이다.

2. ①

   피드백 '~하기도 하고 ~하기도 하다'에 해당하는 단어는 '又(yòu)'이다. 따라서 정답은 ①번이다.

3. ⑤

   피드백 ① 两位(liǎng wèi) 두 분 ② 一个鱼香肉丝(yí gè yúxiāngròusī) 위샹로우쓰 1개 ③ 一个宫保鸡丁(yí gè gōngbǎojīdīng) 꿍바오지딩 1개 ④ 两瓶雪碧(liǎng píng xuěbì) 사이다 2병 ⑤ 一双衣服 한 벌의 옷 (X) / 한 벌의 옷 : 一件衣服(yí jiàn yīfu)
   이중 ⑤번의 옷을 세는 양사는 '双(shuāng)'이 아닌 '件(jiàn)'이다. 따라서 정답은 ⑤번이다. 참고로 '双(shuāng)'은 장갑이나 신발 등을 셀 때 사용하는 양사이다.

4. ⑤

   피드백 선택의문문을 만들 때 사용할 수 있는 단어는 바로 '还是'이다. 따라서 정답은 ⑤번이다. 의문문이 아닌 평서형의 문장에서 '또는, 아니면'의 단어를 사용할 때는 '或者'를 사용한다.

5. ④

   피드백 '太贵了, 便宜一点儿吧.' 이 문장은 물건을 흥정할 때 사용할 수 있는 문장이다. '一点儿(yìdiǎnr)'은 '조금, 약간'에 해당하는 단어로 술어 뒤에 사용해야 한다. 따라서 정답은 ④번이다.

6. ⑤

   피드백 '扫(sǎo)'는 '스캔하다'의 뜻을 갖고 있는 표현으로 QR코드를 이용한 결재수단이 사용되기 시작되면서 많이 사용되고 있는 단어이다.

7. **请客**(qǐngkè)

   피드백 请客(qǐngkè)는 '한턱 내다'의 동사로 사용되는 단어이다.

정리하기

1️⃣ **想** xiǎng : '~을 하려고 하다'의 능원동사로 뒤에 나오는 동사의 의미를 더해주는 역할로 사용(주어 + 능원동사 + 동사 + 목적어)

2️⃣ **想** xiǎng과 함께 많이 사용되는 능원동사의 단어로는 **要** yào가 있는데 두 단어의 차이는 다음과 같다

想 xiǎng ~하고 싶다(바램)	**要** yào ~을 하려고 하다(의지)
화자의 바램을 나타낼 때 표현	말하려는 주어의 의지가 강하게 표현

3️⃣ **件** jiàn : 옷을 세는 양사로 '벌'에 해당함

옷을 세는 양사에서 신체상 상의의 옷을 셀 때는 '件(jiàn)'을 사용	
바지(裤子 kùzi)나 치마(裙子 qúnzi)같이 하의를 나타낼 경우에는 '条(tiáo)'를 사용	
양복(西服 xīfú)이나 원피스(连衣裙 liányīqún) 같이 한 벌로 이루어진 옷들은 '件(jiàn)'을 양사로 사용	

4️⃣ **연동문**에 대한 이해 : 연동문이란 하나의 주어에 동사(구)가 2개 이상 사용되는 것을 말하며, 동사의 순서에 따라 동작의 행위가 이루어짐

5️⃣ **要** yào : '~을 하려고 하다'의 능원동사의 의미뿐만 아니라 '필요하다'의 동사로도 사용행위가 이루어짐

6 **旗袍** qípáo : 치파오는 만주족의 의상을 기반으로 해서 만들어진 의상으로, 원
래는 남녀 의상 모두를 이르는 말이었지만, 시간이 지날수록 보통 원피스 형
태의 여성 의복으로 자리잡아 갔음. 이에 차이나 드레스 (China dress, Qipao)라
고도 부름.
치파오는 원래 창파오(长袍 chángpáo)라고 불렸지만 한족들이 만주족의 옷이라
는 뜻의 치파오(旗袍)라고 부르면서 용어가 바뀌어 갔으며 치파오가 유행하기
전에는 청나라 이전부터 한족의 오랜 전통 의상이었던 한푸(汉服 hànfú)가 유행
함. 참고로 남자들이 입는 옷들은 唐装(tángzhuāng)이라고 함

---

7 **又便宜又好看**(又 A 又 B) : 'A 하기도 하고 B 하기도 하다.'의 표현을 나타낼 때
사용할 수 있는 표현으로 두 가지 상황이 동시에 존재함을 나타낼 때 사용하며
병렬관계를 나타냄

---

8 **一点儿** yìdiǎnr

一点儿 yìdiǎnr	有点儿 yǒudiǎnr
술어 + 一点儿	有点儿 + 술어

- Duō chī yìdiǎnr ba.

  多吃一点儿吧。

  조금 더 드세요.

- Wǒ dùzi yǒudiǎnr téng.

  我肚子有点儿疼。

  저 배가 조금 아픕니다.

---

9 **全聚德** Quánjùdé : 중국 베이징의 대표요리라 할 수 있는 오리구이, 그 중에
서도 가장 고급적이고 전문점인 全聚德, 현재 50여개의 지점을 보유하고 있으
며 和平门(Hépíngmén)점 같은 경우는 한 번에 2,000명 정도가 식사할 수 있을
정도의 규모를 갖고 있음. 전취덕의 이름은 '전이무결(全而无缺), 취이불산(聚而
不散), 인덕지상(仁德至上)'의 줄임말

10 **虽然~但是** suīrán ~ dànshì : 비록 ~ 일지라도 그러나 ~ 하다.

11 **两位** Liǎng wèi : '位(wèi)'는 사람을 높여 부를 때 사용하는 양사로 '분'에 해당한다. 양사 앞에서는 숫자 2를 표현할 때 '两(liǎng)'을 사용

12 **点菜** diǎncài : '요리를 주문하다'의 의미로 '点(diǎn)'은 시간표현의 '시' 뿐만 아니라 '주문하다'의 의미로도 사용

13 **现金还是刷卡?** : 'A 还是 B'는 영어의 'A or B'에 해당하는 표현으로 '还是(háishi)'는 '또한, 아니면'의 의미로 사용

저자소개 **김성훈**

中国天津体育学院 体育教育训练学 교육학 박사 졸업 / 성균관대학교 중국어교육학 석사 졸업
현) 아주대학교 다산학부대학 겸임교수, 서울사이버대학교 위즈덤 교양대학 객원교수
현) 수원 유신고등학교 중국어 교사
中国天津韩国国际学校 중등부 국제교육부장 역임 (2018)
中国孔子学院 汉语水平考试(HSKK) 시험감독관 역임 (총책임관 자격증 취득)
한국교육개발원(KEDI) 디지털학습콘텐츠 생활중국어 방송강의
2015 개정 교육과정 고등학교 중국어 I (주) 지학사 교과서, 지도서, 참고서 집필
2015 개정 교육과정 중학교 생활중국어 (한국교육개발원) 교과서 집필
2022 개정 교육과정 고등학교 중국어 (주) 다락원 교과서 집필중
사회부총리 겸 교육부장관 표창 수상 (2018)

그루브한 기초 중국어회화

초판 인쇄   2022년 10월 5일
초판 발행   2022년 10월 10일

발 행 인   김인숙
발 행 처   ㈜ 동일랑
Editorial Director 김인숙
Designer design86
Illustrator 원일러스트

제 작 처   삼덕정판사
주   소   139-240 서울시 노원구 공릉동 653-5
대표전화   02-967-0700
팩시밀리   02-967-1555

출판등록   제6-0406호

ISBN   978-89-7582-601-6

동인랑 ©2022, Donginrang.Co.,Ltd.
All right reserved.No part of this book or audio CDmay be reproduced or transmitted in any form
or by any means, without permission in writing from the publisher.

MP3서비스
www.donginrang.co.kr
webmaster@donginrang.co.kr